O CÓDIGO DA REALIZAÇÃO

Copyright© 2019 by Literare Books International
Todos os direitos desta edição são reservados à Literare Books International.

Presidente:
Mauricio Sita

Vice-presidente:
Alessandra Ksenhuck

Capa, diagramação e projeto gráfico:
Gabriel Uchima

Revisão:
Camila Oliveira

Diretora de projetos:
Gleide Santos

Diretora executiva:
Julyana Rosa

Relacionamento com o cliente:
Claudia Pires

Impressão:
Impressul

Dados Internacionais de Catalogação na Publicação (CIP)
(eDOC BRASIL, Belo Horizonte/MG)

M425c — Mota, Wagner.
O código da realização / Wagner Mota. – São Paulo, SP: Literare Books International, 2019.
14 x 21 cm

ISBN 978-85-9455-190-0

1. Administração de empresas. 2. Carreira. I. Mota, Wagner.
CDD 658.4

Elaborado por Maurício Amormino Júnior – CRB6/2422

Literare Books International.
Rua Antônio Augusto Covello, 472 – Vila Mariana – São Paulo, SP.
CEP 01550-060
Fone/fax: (0**11) 2659-0968
site: www.literarebooks.com.br
e-mail: literare@literarebooks.com.br

DEDICATÓRIA

Dedico este livro aos meus pais, irmãos, aos diversos mestres que passaram por minha vida, à minha esposa, Greice, e ao meu filho, Matheus, um verdadeiro presente de Deus. Nesta busca incessante pelo conhecimento, compreendi que minha missão era aprender, desaprender, reaprender e repassar os ensinamentos que obtive por meio do estudo intenso e das experiências.

PREFÁCIO

Decodificando o eu para grandiosos resultados

Sempre que estou diante de um livro, alguns detalhes definem a decisão de ler ou não o seu conteúdo. Como um namoro, eu gosto de me sentir seduzida pela capa, o título e as entrelinhas quando bato os olhos no primeiro contato. Quando "O código da realização", de Wagner Mota, chegou em minhas mãos, procurei ser imparcial, mas senti que algo despertou no meu íntimo.

Sou uma pessoa ligada na inovação, nas transformações 4.0, no mundo digital, nas mudanças que a Inteligência Artificial tem gerado na sociedade, na economia, nos negócios e nos relacionamentos. A busca por esse tipo de informação gera em mim uma aceleração íntima e, confesso, até certa ansiedade. É tanta informação, tantas fontes de conhecimento, tantas transformações acontecendo que dá vontade de pedir para o mundo parar para eu descer.

Foi mais ou menos num momento assim que comecei a paquerar esta obra e uma frase selou o namoro: "o autoconhecimento deveria ser política pública". A palavra código me remete à inovação! Realização é uma necessidade importante de qualquer ser humano. O autoconhecimento é a base para a verdadeira transformação. Loucura ou não, suspeitei que o autor tinha algo em comum comigo: na Era das rápidas transformações tecnológicas, conhecer a si mesmo ainda é um grande desafio e algo relevante a ser buscado.

Wagner Mota conseguiu colocar nesta obra um tempero interessante! Ao sentir o "sabor" desses primeiros ingredientes, a curiosidade me pegou de jeito e iniciei a leitura. Ainda assim, confesso que a princípio achei que encontraria mais do mesmo no recheio do bolo que me atraía. Mas, como havia decidido colocar de lado o achismo, fui em frente e percebi nas linhas e entrelinhas abordagens extremamente relevantes que eu tenho adotado e obtido resultados incríveis. E sei que posso ir ainda mais longe!

Qual *mindset* você gostaria de possuir? Esta é a pergunta de um dos capítulos de "O código da realização" e o que temos visto no mundo moderno é que muitas pessoas desejam realmente mudar seu padrão mental, porém, sincronizando suas realizações com fórmulas antigas e ineficazes. E mais, o autor enfatiza que na ânsia de se adequarem ao futuro, sacrificam o momento presente, o lugar onde tudo realmente acontece. Para criar um modelo mental transformador, é preciso primeiro saber quem somos e onde estamos. O olhar crítico da própria realidade e o reconhecimento de fraquezas é o que nos impulsiona a transformar e sincronizar positivamente todas as áreas da vida. Infelizmente, "as pessoas não reconhecem aquilo que são, seus potenciais pontos fortes e oportunidades de melhoria", afirma o autor.

Wagner Mota usou uma didática envolvente para desenvolver "O código da realização". Ele transmite ao leitor clareza e autoridade para um reconhecimento de áreas da própria vida.

Os exemplos utilizados criam uma identificação de realidade interessante e nos inspira a crer que é possível alcançar patamares mais elevados de realização, a partir da própria realidade. Mas, como digo, "nada muda se eu não mudar". Por isso, volto a dizer que concordo em gênero, número e grau com o que diz o autor: "o autoconhecimento deveria ser política pública".

A busca pela paz interior, pela plenitude de vida e pela felicidade duradoura tem sido um grande objetivo da humanidade desde os tempos antigos. Em pleno século XXI isso não mudou, mas a aceleração das coisas, a pressa, a necessidade de ter, saber e fazer tudo o tempo todo, tem feito pessoas perderem sua própria essência. E, com este livro, chegou a hora de organizar os pensamentos, gerenciar a ansiedade, olhar para dentro de si e fazer proveitosas descobertas.

A caminhada não é um conto de fadas. O autor não promete transformações ao toque de varinhas mágicas ou poções encantadas. Pelo contrário, "o que realmente vai causar uma revolução em sua vida e vai trazer os resultados que tanto espera é o agir!". Desde o início, Wagner Mota enfatiza a importância de adotar um método eficaz e empenho para seguir passo a passo o caminho da transformação e da realização.

Vale a pena se submeter aos direcionamentos do autor que entrega nesta obra uma verdadeira curadoria de saberes. Cada um de nós tem recursos para modificar modelos mentais e transformar a própria vida, mas, para que isso realmente aconteça, é imprescindível que decifremos o nosso próprio código de realização, o que só acontece se colocarmos em prática. Vale a pena um mergulho profundo nessa descoberta.

Leila Navarro, palestrante motivacional e autora de 16 livros que enfatizam o autoconhecimento, autodescobertas e o poder da superação para virar o jogo da sua vida.

INTRODUÇÃO......11

1 - O GRANDE PROBLEMA......15

O grande problema: a falta de método......16

2 - E EU NESSA HISTÓRIA?......21

Vida pessoal......22
Vida profissional......23
Vida amorosa......24
Vida financeira......25
Vida social......26
O autoconhecimento deveria ser política pública......29
Vamos praticar agora o autoconhecimento......30
Ferramenta DISC......33
Vamos ver isso na prática?......35
Existem recursos para modificar sua vida......38

3 - A CAUSA DO GRANDE PROBLEMA......39

Métodos efetivos e conhecimento: uma ponte necessária
para solucionar o grande problema......39
Ser o melhor no que você faz......42
Inovar......42
Ser articulado em situações sociais......43
Adaptar-se a situações......43
Mais poder......44

4 - O CÓDIGO DA REALIZAÇÃO......45

A solução do grande problema é:
conhecimento com o Código da Realização......46

1- Construção da base..46
2- Desenhe sua vida..49
3- Foco no sim..54
4- Importância do fluxo/flow..56
5- Os dois caminhos (Antroposofia)..58

5 - USANDO O CÓDIGO DA REALIZAÇÃO..63

1- Busca de conhecimento..64
2- Parcerias..66
3- Ação..68
Personagens e ferramentas essenciais para o sucesso:
equilíbrio entre conhecimento e ação..68
Quando considerar o *coaching*?..69
Quando considerar a *mentoria*?..69
Qual *mindset* você gostaria de possuir?..70
Como se comunicar melhor..71
Como organizar seu tempo..77

6 - DESCUBRA A REAL MOTIVAÇÃO PARA AGIR..85

Atitudes motivadoras..90
Atitudes desmotivadoras ou limitantes..90
Encontrando motivação..91
Eu sou líder, e agora, como motivar?..97

7 - CELEBRE..99

Considere como o sucesso funciona..103
Doze grandes maneiras de celebrar
suas pequenas vitórias..105

8 - SUA GESTÃO DA PRODUTIVIDADE...........115

Dúvidas sobre produtividade............119
Problema de produtividade: há muitos fatores influenciadores, estabeleça foco e compromisso com você mesmo............119
Teoria das Necessidades Humanas de Maslow............120
Valores............123
Todas as pessoas querem ser produtivas............127
Vamos aos passos em que posso ajudá-lo............129
Você no caminho certo............131

9 - A VIDA COM A PSICOLOGIA POSITIVA.....133

O que pensamentos negativos fazem com seu cérebro............134
O que pensamento/atitudes positivas fazem com seu cérebro............136
Como o olhar positivo constrói seu conjunto de habilidades............137
Como aumentar o olhar positivo em sua vida............138
O que vem primeiro: felicidade ou sucesso?............140
Para onde ir a partir daqui............141
A âncora............141

10 - A NEUROCIÊNCIA GERINDO SUA VIDA............145

Curiosa experiência............146
Neurociência hoje............148
Novo modelo mental (mindset)............149
Minha mensagem final para você............153

REFERÊNCIAS............156

INTRODUÇÃO

Vivemos em uma era marcada pela velocidade e pelo comportamento ansioso. Nesse cenário agitado, muitas pessoas sofrem com a falta de foco, o que as leva a postergar ou até mesmo a abandonar os seus objetivos. Outras ainda têm que lidar com o insucesso na concretização de seus planos, deixam de trabalhar nas suas metas e, por falta de tempo e organização, não conseguem tirar seus planos do papel. Há ainda aquelas que desistem sem ao menos tentar, abandonam a jornada pelo simples medo de falhar.

O mundo está cada vez mais informatizado, com substanciais mudanças, em nível de conhecimento com as demandas e expectativas do mercado de trabalho, que também acompanharam esse processo de alterações. A tendência é que haja cada vez mais empreendedores digitais e profissionais qualificados realizando projetos pontuais de acordo com a necessidade do cliente. É a chamada economia sob demanda. Para ter sucesso nesse meio, o profissional deve ser capaz de atender a diversidade do mercado e, para ser feliz, precisa aprender a manter uma vida equilibrada.

O CÓDIGO DA REALIZAÇÃO

Nos modelos flexíveis de trabalho, algumas competências são fundamentais para alcançar resultados significativos: capacidade de estabelecer uma rede de contatos poderosa (*networking*), propensão ao aprendizado contínuo, criatividade, adaptabilidade e visão estratégica. Sabemos que seminários, congressos, palestras e leituras são obrigatoriedades para aqueles que não aceitam ser ultrapassados.

Importante destacar, no entanto, que a maior parte das pessoas que recebe esses conteúdos não possui um método efetivo para colocar o conhecimento em prática. É predominante a sensação de perda de tempo, de dinheiro e o sentimento de que não absorveu nada concretamente.

Talvez, atualmente, seja esta a sua situação: preocupado com o novo mercado de trabalho; sem habilidades para equilibrar sua vida pessoal, profissional, espiritual e social; ou pode ser que você se encontre excessivamente focado no trabalho, deixando a educação e o cuidado com os filhos de lado; quem sabe até esteja sacrificando sua saúde e seu bem-estar; ou ainda sua vida conjugal e amorosa esteja sendo prejudicada, porque você ainda não conseguiu definir prioridades e trabalhar eficientemente em todas as áreas da sua vida.

Não é suficiente ser um profissional excepcional se sua relação com os filhos, com seu parceiro ou parceira, ou com seus pais, está fragilizada. Também não adianta focar exclusivamente em relacionamentos se for incapaz de construir um resultado de valor por meio do trabalho. As consequências para essas inconstâncias são a perda de tempo, de oportunidades, de sono, de momentos felizes e, ainda mais preocupante, a perda de sua essência.

Cuidado. Não sacrifique o seu presente em nome de seu futuro. Durante anos de estudo e de treinamento, percebi o quão imprescindível é ter uma vida equilibrada. Em 2003, vivi uma experiência muito impactante. Estava desenvolvendo inúmeras atividades simultaneamente e, em vez de buscar realizar meus objetivos de forma planejada e estruturada, me sobrecarreguei ao extremo; o que obtive dessa desarmonia foi uma estafa excessivamente rigorosa, o que me causou muito sofrimento.

A partir desse momento turbulento, comecei a procurar ferramentas e métodos para equilibrar minha vida e conquistar satisfação pessoal. Foi assim que, após estudar muito e testar uma diversidade de métodos, desenvolvi o Código da Realização. Eu alcancei minhas metas sem perder o foco na importância de estar atento a todas as demandas da minha vida. Hoje, tenho plena consciência de seguir um caminho eficaz e assertivo em direção aos meus maiores sonhos.

Neste livro apresentarei a você um método grandioso! O Código da Realização é uma ferramenta poderosa que o ajudará a colocar seu conhecimento em prática e a alcançar seus objetivos de forma equilibrada. Ao longo dos próximos capítulos demonstrarei a você, em cinco passos, como transformar sua vida.

Este método tem impactado positivamente a vida de muitas pessoas nos treinamentos que realizo. Você descobrirá como construir uma base sólida e harmoniosa para a sua vida, atingir suas metas mais rapidamente, potencializar seu foco e utilizar a seu favor o poder do *flow*. Além disso, descobrirá quais os dois caminhos para a aprendizagem, segundo a Antroposofia, e como utilizá-los. Por meio destas páginas, você começará uma jornada impactante rumo à plena realização.

Tenho a grata satisfação de convidá-lo a mudar sua vida e a ajudar as pessoas que estão perto de você. Nessa história, quando você muda, tudo muda. Você alcançará o

O CÓDIGO DA REALIZAÇÃO

destaque que merece sem prejudicar as outras áreas importantes de sua vida. Aqui você conhecerá o método de cinco pilares essenciais para atingir os melhores resultados e ter o sucesso que merece. Vamos, eu o auxiliarei a alcançar o que você mais deseja!

Diga sim a você!
Excelente leitura!

"O que conquistamos em nosso interior
modifica nossa realidade exterior."

Plutarco

CAPÍTULO 1
O GRANDE PROBLEMA

Os obstáculos que a vida nos oferece não são o que determina nosso futuro, mas apenas um capítulo de nossa jornada. O que nós mesmos buscamos, com nossa garra e mentalidade inabalável, é o que pode virar esse jogo.

De acordo com dados do Instituto Brasileiro de Geografia e Estatística (IBGE), a configuração do mercado de trabalho no Brasil tem se alterado drasticamente. Em 2017, a quantidade de pessoas sem registro ultrapassou a de quem tem carteira assinada. E a expectativa dos economistas é de que esse cenário se mantenha, ainda que o país cresça economicamente, uma vez que essas alterações refletem uma atualização de demandas empresariais e as características de uma geração cada vez mais tecnológica.

Para se destacar nesse novo contexto, é preciso estar atento a algumas questões. Após anos de estudo e aprimoramento profissional em diversas áreas, descobri aquilo

O CÓDIGO DA REALIZAÇÃO

que chamo de: o grande problema. Refiro-me ao que tem impedido a realização profissional e a concretização dos sonhos de diversas pessoas.
E afinal, qual é mesmo esse grande problema?

O grande problema: a falta de método

Um método pode ser definido como um sistema de processos desenvolvido para atingir um ou mais objetivos. O método, portanto, fornece orientação por meio de uma série de elementos, de modo a garantir que as pessoas envolvidas possam atingir o resultado desejado de forma eficiente e consistente. Um método eficaz garante que esse sistema seja replicável, ou seja, que possa ser repetido por pessoas diferentes, em momentos e em situações diversas.

Ao fazer uso de um método eficaz, você será capaz de definir metas abrangentes que se comuniquem com os propósitos gerais de sua vida, além de balizar seus resultados. Não ter esse processo estabelecido pode ter como consequência a estagnação.

Existem inúmeras razões para que você se dedique ao desenvolvimento de metas e objetivos efetivos. Dentre estas, destacam-se:

- Ter um propósito de vida;
- Alcançar o equilíbrio;
- Comunicar claramente suas expectativas e desejos;
- Ter um direcionamento claro para suas escolhas;
- Criar meios de aprendizagem mais eficazes;
- Criar meios de avaliação mais apropriados;
- Criar meios de mudança;
- Inspirar outras pessoas!

Talvez você esteja se questionando: por que as metas são tão importantes?

Primordialmente, elas garantem três pilares essenciais:

Foco - fornece um alvo para o qual todos os seus recursos possam ser direcionados.

Direção - permite que você saiba aonde quer chegar e qual caminho seguir para alcançar seus objetivos e sonhos.

Ação - permite que você determine dinamicamente sua posição e tome ações concretas para alcançar aquilo que deseja.

Após anos de análise do ambiente corporativo e prática em inúmeros treinamentos, percebi que muitos indivíduos não têm clareza acerca de qual caminho trilhar para atingir seu potencial máximo. Quando questionados: "Qual é o seu objetivo?", as respostas mais comuns eram: "Vender o máximo possível" ou "Fazer o máximo possível". Podemos considerar que são ações vagas e sem referenciais para acompanhamento de desempenho.

As metas devem ser mensuráveis e desafiadoras. O equilíbrio é fundamental. Por um lado, se forem muito fáceis, o aborrecerão e o desmotivarão; por outro lado, se forem muito difíceis, o deixarão frustrado e desapontado, com a sensação de que é impossível alcançá-las.

Importante frisar, todavia, que ter metas claras e objetivos efetivos constitui apenas uma parcela do método. Historicamente, as taxas de sucesso de processos de desenvolvimento pessoal são melhores quando há gerenciamento.

Existem oito fatores críticos, determinantes, para o sucesso dessa empreitada. No capítulo V deste livro, você

O CÓDIGO DA REALIZAÇÃO

terá a oportunidade de fazer um exercício que contempla cada um destes fatores:

1. Metas e objetivos claros;
2. Agenda realista para realização de ações;
3. Suporte de um mentor, *coach* ou instrutor;
4. Recursos adequados;
5. Compromisso do indivíduo;
6. Canais de comunicação;
7. Monitoramento efetivo;
8. Lições de aprendizagem.

A partir dessas informações, fica claro que a falta de consistência é um problema significativo e que são necessárias outras orientações para a organização e execução de um método para que você se destaque em uma sociedade cada vez mais dinâmica e inovadora.

Para fixar o que foi abordado neste capítulo, responda as questões a seguir:

Qual é o grande problema?

_____

_____

_____

Por que um método é tão importante para que você alcance seus objetivos?

_____

_____

_____

Quais competências você acredita ter que desenvolver para se inserir satisfatoriamente em um mercado de trabalho mais dinâmico e competitivo?

_____

_____

_____

_____

"Cada jornada de mil milhas
começa com um único passo."

Lao Tzu

CAPÍTULO 2
E EU NESSA HISTÓRIA?

"O paradoxo curioso é que, quando me
aceito assim como sou, então posso mudar."

Carl Rogers

Após concluir a leitura do capítulo I, você pode estar se questionando: "Eu leio e me informo, fiz uso de diversos métodos distintos, então por que não alcanço meus objetivos?". A resposta é muito simples: talvez tenha feito sem método, ou o que você tentou seguir não era eficaz e, possivelmente, não se manteve firme no propósito.

Para exemplificar como a ausência de um processo organizado e definido pode estar impactando seus sonhos de forma negativa, vou contextualizar situações de acordo com as grandes áreas da vida: pessoal, profissional, amorosa, financeira e social.

O objetivo é que você desenvolva um olhar crítico sobre sua realidade, perceba que todos esses "compartimentos" estão interconectados e, a partir disso, consiga alavancar os setores que se encontram deficitários no momento.

Para construir uma vida equilibrada, ser um profissional capaz de atender as demandas presentes e solidificar uma

O CÓDIGO DA REALIZAÇÃO

carreira de sucesso, é imprescindível estar atento a todos os aspectos e relações que estabelece em sua jornada.

Vida pessoal

Paulo acorda todos os dias sem querer levantar. O despertador soa torturante. "Onde já se viu acordar 6 h todos os dias para ir trabalhar em algo que você não gosta?" – é o pensamento mais comum. Maria, sua esposa, Miguel e Aninha, seus filhos, sempre acordam assustados com o barulho que Paulo faz no quarto e com a força utilizada para abrir o guarda-roupa.

Todos os dias o processo é o mesmo. Todos na casa se sentem ameaçados e tristes com o comportamento do patriarca da família, que não consegue mais demonstrar amor a sua esposa e seus filhos. Maria não reconhece mais o homem com quem se casou. Quinze quilos acima do peso, Paulo não gosta do que vê no espelho. Sempre muito triste e nervoso, alimenta-se da pior forma possível e desconta na comida suas frustrações pessoais.

No trabalho, Paulo apresenta *performance* insatisfatória. Ele projeta suas inseguranças e descontentamentos no ambiente de trabalho e reclama de todos: do chefe, do escritório, dos colegas de trabalho e das horas extras que precisa fazer rotineiramente por não apresentar um trabalho realmente efetivo. Por não gostar do que faz, Paulo não consegue manter sua vida financeira organizada; após pagar as contas e a escola dos filhos, gasta o pouco dinheiro que sobra para comprar cerveja no final de semana. Paulo bebe sozinho, claro, porque, com o passar dos anos e com sua atitude agressiva, afastou a maior parte de seus amigos.

Área de desequilíbrio principal: vida pessoal.
Áreas também desequilibradas: vida profissional, amorosa, financeira e social.

Vida profissional

Maria acordou mais uma vez com os barulhos agressivos do seu marido, Paulo. Ela sabe que ele tem se sentido frustrado há muito tempo, mas não tem ideia de como ajudar. Depois de anos de uma rotina muito difícil e conturbada, Maria decidiu largar sua loja de roupas para conseguir ficar mais em casa e cuidar melhor das crianças. Enquanto isso, Paulo não muda seu comportamento. Maria tinha uma grande loja no centro da cidade, também em uma plataforma virtual, de vendas de roupas. Porém, as brigas em casa e os problemas das crianças na escola fizeram com que ela abandonasse seu negócio. Ela fez um sacrifício, porque achou que seria o melhor para as crianças e para seu relacionamento.

Constantemente Maria se sente frustrada, ela sente falta da loja, de ser valorizada, e sabe que não está produzindo como poderia. Maria era uma empreendedora nata, muito dedicada e empenhada, ela realmente amava o seu trabalho! Fazia muitos cursos de gestão, cuidava do estoque, treinava seus colaboradores, atendia os clientes e conversava com todos os fornecedores.

Seus colaboradores sempre a elogiavam, e ficaram muito tristes quando ela vendeu a loja para outra pessoa. A verdade é que Maria sente muita falta de sua carreira e não sabe como recuperá-la.

De certo modo, ela culpa Paulo por sua decisão e isso a tem afastado cada vez mais do marido. Ela também não

O CÓDIGO DA REALIZAÇÃO

tem mais tanto dinheiro assim e agora a família depende ainda mais do salário dele.

Por outro lado, as crianças estão mais calmas, com melhores notas na escola e com pelo menos um dos pais mais presente. Maria se sente feliz por ser uma mãe mais ativa, mas como a educação dos filhos é uma sobrecarga que só ela tem carregado, sua vida social é praticamente inexistente.

Área de desequilíbrio principal: vida profissional.
Áreas também desequilibradas: vida pessoal, amorosa, financeira e social.

Vida amorosa

André é um médico muito ocupado e um grande cirurgião. Ele se dedicou da melhor forma que pôde durante os anos da faculdade e durante a residência para ser o melhor da sua cidade. E conseguiu! É reconhecido em toda região, oferece cursos em mais de três Estados, ajuda pessoas, tem um consultório particular e atende em cinco hospitais da região. Um sucesso profissional!

André casou-se com Carina há três anos, sua namorada dos tempos da faculdade. Carina é engenheira e trabalha em uma empresa multinacional que tem sede na sua cidade. Aparentemente André e Carina formam um casal feliz, mas, desde o último ano da faculdade, André se tornou muito distante. Ele estava tão focado em estudar para a residência que muitas vezes se esquecia de que tinha uma namorada. Carina tentou ser paciente durante todos esses anos. No entanto, após o período de residência, o relacionamento amoroso do casal se deteriorou cada vez mais. Eles chegaram inclusive a terminar por dois meses, porque André simplesmente esquecia de conversar com Carina.

Depois do término, André percebeu que estava perdendo a mulher de sua vida e fez de tudo para voltar com Carina, e assim que os dois reataram, ele decidiu pedi-la em casamento. Carina aceitou, porque acreditava na mudança de André e esperava que o casamento pudesse reaproximá-los de vez. Infelizmente, depois do matrimônio, André continuou extremamente focado em sua vida profissional. Ser o melhor médico da região era o seu único objetivo e principal pensamento. Assim, Carina ficou cada vez mais triste e até evitava chegar em casa mais cedo do trabalho porque sabia que estaria sozinha. Recentemente, ela descobriu que André a estava traindo com uma funcionária do maior hospital da cidade. O diretor do local o flagrou. Após um escândalo enorme, Carina decidiu ficar algumas semanas na casa dos pais e o diretor do hospital, não concordando com a atitude do cirurgião, decidiu removê-lo do quadro de colaboradores.

André não está feliz com quem é, se encarar no espelho tem sido muito difícil. Por isso, não tem saído de casa e evita ao máximo contato com outras pessoas.

Área de desequilíbrio principal: vida amorosa.
Áreas também desequilibradas: vida profissional, pessoal e social.

Vida financeira

Roberta é uma mulher forte e decidida de 37 anos, ela é publicitária e tem uma agência de *marketing* com seu sócio Marcos. Roberta é casada com Sandro e juntos eles têm duas filhas, Renata e Sara. Apesar de todo o seu esforço no trabalho e do cuidado com as contas da casa, ela tem enfrentado sérios problemas financeiros.

O CÓDIGO DA REALIZAÇÃO

O motivo? Ela é uma consumidora compulsiva. Roupas, sapatos, bolsas, acessórios, o mais novo modelo de carro. Roberta simplesmente não consegue resistir às maiores tendências do mercado de moda, móveis e automóveis. Esse desequilíbrio faz com que ela gaste mais do que ganha. Para quitar suas dívidas, precisou pedir empréstimo em mais de um banco. Sandro, seu marido, não está nada feliz com essa situação e vem assumindo a maior parte das contas da casa e o colégio das filhas. Isso tem causado diversas brigas em casa e falta de intimidade entre o casal. Além disso, Roberta vem se sentindo cada vez mais triste e desapontada consigo mesma, por não conseguir manter sua vida financeira em ordem.

O seu sócio Marcos já a alertou sobre a necessidade de organizar as finanças da agência. Nos últimos meses, todo o dinheiro que Roberta ganha no trabalho tem sido destinado para cobrir os juros do cheque especial. Ela não tem dinheiro para levar as filhas para tomar sorvete, nem para convidar uma amiga para um café.

Área de desequilíbrio principal: vida financeira.
Áreas também desequilibradas: vida profissional, pessoal, amorosa e social.

Vida social

Antônio é um homem muito tímido, talvez por isso tenha decidido trabalhar com computadores e não com pessoas. Ele é engenheiro de computação e presta serviços, remotamente, para uma empresa internacional. Ele mantém um relacionamento com Laura, uma doce mulher que conheceu em uma feira de computação há cinco anos, quando ainda tinha coragem de sair de casa para encontros sociais. O relacionamento afetivo dos dois é bastante equilibrado, mas Laura sempre reclama a Antônio que ele deveria sair com mais frequência. Por causa de seu comportamento tímido, Antônio tem se isolado cada vez mais e não consegue alcançar uma vida social plena. Depois de algumas brigas, Laura deixou de incentivá-lo a sair e agora vai sozinha aos encontros sociais.

Recentemente, Antônio perdeu uma promoção no emprego, porque isso dependia de uma viagem internacional e de uma imersão durante uma semana em um curso na sede da empresa. Antônio teve medo de não conseguir se expressar satisfatoriamente e, por isso, perdeu o curso, a promoção e um bom dinheiro. Não é de se estranhar que Laura tenha ficado brava.

Área de desequilíbrio principal: vida social.
Áreas também desequilibradas: vida profissional, pessoal, amorosa e financeira.

Em todos os exemplos, os personagens elencados apresentavam uma área de suas vidas especialmente desequilibrada. E essa descontinuidade acabava por afetar os demais aspectos da vida de forma geral. Agora a pergunta é: e você nessa história?

Se precisar, releia as narrações e tente encontrar algo que seja parecido com aquilo que você vive hoje. Talvez você se sinta frustrado com a sua atual forma física. Talvez não esteja dando a atenção necessária para seus filhos, sua esposa, seu esposo, seu namorado ou sua namorada. Talvez não esteja alcançando bons resultados no emprego

O CÓDIGO DA REALIZAÇÃO

ou esteja muito endividado. Talvez se sinta sozinho e isolado. Talvez você não esteja acompanhando o crescimento dos seus filhos. Talvez você faça muito e realize pouco. Pense bem, qual é a narrativa de sua vida? Você é bem-sucedido? Conhece suas habilidades? Sabe dizer com exatidão quem você é agora? Tem medo do futuro? Você conhece as regras do jogo? Sabe quantos estão no topo da pirâmide? Responda a cada uma dessas perguntas para si. Continue se questionando. Como é a sua vida hoje? Você tem energia para realizar todas as suas atividades? Segundo um levantamento feito pelo IBGE em 2017, cerca de 60% dos brasileiros com mais de 15 anos são sedentários. Isso é o equivalente a 100,5 milhões de pessoas! Você faz parte desse grupo?

Pense um pouco mais, você está ansioso ou depressivo? Sabia que, segundo a Organização Mundial da Saúde (OMS), o Brasil tem a maior taxa de transtorno de ansiedade do mundo? Qual é a qualidade de seu sono? Você tem dormido bem?

Esses questionamentos o auxiliam na trilha do autoconhecimento. Usualmente, as pessoas não reconhecem aquilo que são, seus potenciais pontos fortes e oportunidades de melhoria. Dentro desse contexto, o processo de *coaching* tem como objetivo, por meio de perguntas de essência, auxiliar a reflexão e a descoberta ou redescoberta daquilo que de fato é mais importante.

Por meio desse processo, o indivíduo passa a conhecer seus sentimentos, pensamentos e sensações de maneira mais clara e vívida, além de conseguir perceber questões sutis relacionadas ao enredo de sua vida e para onde está caminhando.

A autoconsciência permite que, ao olhar para si mesmo, a luz seja mais penetrante e honesta. Você se enxerga com mais clareza e assim descobre emoções profundas, que provavelmente julgava não existir.

Graças ao nosso estilo de vida, excessivamente ocupado, os níveis de estresse e ansiedade aumentaram significativamente. Ao invés de reconhecer esses sentimentos e tomar as medidas apropriadas para aliviá-los, muitas vezes preferimos fingir que eles não existem. Pessoas que não têm autoconhecimento são capazes de reprimir e ignorar sentimentos de estresse, raiva, ansiedade e até mesmo depressão. Na superfície, suas vidas são excelentes. De outro lado, a realidade demonstra incongruências. Essas pessoas não sabem realmente quem são, o que querem e não fazem ideia de aonde desejam chegar.

De acordo com o antigo filósofo grego Platão, a virtude da sabedoria do autoconhecimento é inata em todo ser humano e pode, portanto, ser nutrida e encorajada a crescer.

A busca pela paz interior, pela plenitude de vida e pela felicidade duradoura tem sido um grande objetivo da humanidade desde os tempos antigos. E todas essas questões esbarram no autoconhecimento. Trata-se de um componente fundamental em qualquer estudo sobre o ser humano.

O autoconhecimento deveria ser política pública

E agora, vamos às perguntas:

Você sabe quem é e qual o seu perfil?

_____

_____

_____

O CÓDIGO DA REALIZAÇÃO

Você conhece seu temperamento e sabe quais são suas características marcantes?

_____

_____

_____

_____

Se a resposta for não, você precisa ler atentamente os próximos parágrafos. Por meio deles, vou ajudá-lo a identificar com clareza seu perfil e seu temperamento. Vamos utilizar duas ferramentas diferentes para isso.

Vamos praticar agora o autoconhecimento

O conhecimento atemporal sobre os temperamentos humanos é essencial para nos conhecermos melhor e para entendermos como as outras pessoas pensam, atuam e se organizam. É importante esclarecer que não existe um temperamento melhor que o outro e, sim, características diferentes entre eles. Todos nós possuímos certos elementos de todos e preponderância de um em relação aos outros.

Existem quatro tipos de temperamentos: colérico, sanguíneo, melancólico e fleumático. Compreender cada um desses perfis é essencial para seu autoconhecimento, para descobrir suas características naturais. Encontrar e conhecer o seu perfil irá ajudá-lo a ter clareza acerca de quem você é essencialmente, seus pontos fortes e oportunidades de melhoria, com significativo potencial de impacto em sua vida.

Esse entendimento pode ser definidor no momento de escolher uma carreira. Caso você seja líder de uma equipe, irá ajudá-lo a direcionar as pessoas adequadas a funções determinadas e, assim, beneficiar toda a empresa.

Os quatro perfis

1 - Colérico
Este é o perfil de temperamento de indivíduos ativos, otimistas e dinâmicos. São líderes natos, não possuem medo de enfrentar desafios e assumir riscos. Além disso, são pessoas trabalhadoras, com uma grande disposição física, determinação e perseverança. Apesar de grandes pontos fortes, as pessoas coléricas são extremamente agitadas e impulsivas, o que pode aparentar insensibilidade e indiferença, com tendência à arrogância e ao egoísmo.
Exemplo: técnico de vôlei Bernadinho.

2 - Melancólico
Os indivíduos desse perfil são passivos, sensíveis e tímidos, são extremamente criativos e imaginativos. A melancolia reforça as tendências artísticas e pedagógicas; são pessoas muito empáticas e incapazes de machucar alguém. Apesar dos grandes pontos fortes desse perfil, as pessoas melancólicas têm tendência ao pessimismo e a ansiedade, muitas vezes apresentam um baixo nível de concentração, são distraídas. Assim, perdem o foco facilmente e têm grande dificuldade em cumprir tarefas, enfrentar desafios e correr riscos.
Exemplo: técnico de futebol Parreira.

3 - Sanguíneo
Os indivíduos desse perfil são extremamente sociáveis, ativos e animados, demonstram grande capacidade de agir, devido ao alto grau de energia. Também possuem muita facilidade para trabalhar em equipe, liderando pessoas por meio do exemplo. São preocupadas com seu futuro e com sua independência. Apesar dos grandes pontos fortes

O CÓDIGO DA REALIZAÇÃO

desse perfil, as pessoas sanguíneas podem ser associadas a excessiva demonstração de bondade e falta de disciplina. Podem ser fantasiosas, volúveis e "boazinhas demais". **Exemplo:** apresentadora de TV Hebe Camargo.

4 – Fleumático

Os indivíduos desse perfil são extremamente calmos, passivos, com alto grau de eficiência e inteligência prática. As pessoas com esse perfil são confiáveis, muito honestas; cumprem tarefas com excelência e facilidade; adoram ler e pensar; se interessam por cultura, estudo e desenvolvimento profissional. Também são consideradas pessoas excelentes para o estabelecimento de parceria ou sociedade. Apesar dos grandes pontos fortes desse perfil, as pessoas fleumáticas são normalmente introvertidas, indecisas e desconfiadas. São indivíduos que se desmotivam com grande facilidade e se contentam com pouco, por isso possuem grandes tendências ao comodismo e ao conformismo. Além disso, são conservadoras, rígidas e apresentam dificuldade para trabalhar em equipe.

Exemplos: o músico Milton Nascimento ou o técnico de vôlei José Roberto Guimarães.

Após ler com bastante atenção sobre os quatro temperamentos mencionados, complete a seguir:

O meu perfil de temperamento preponderante é:

_____

_____

Agora que você conheceu os quatro perfis e sabe qual é o seu temperamento, está um passo à frente de qualquer um que não se conhece muito bem. Parabéns!

Ferramenta Disc

Disc é um modelo baseado no trabalho do Dr. William Moulton Marston (1893-1947) para examinar o comportamento dos indivíduos em um determinado ambiente. É uma teoria postulada em 1928 no livro *Emotions of normal people* (emoções das pessoas normais – em tradução livre). Foi publicado em português apenas em 2014. De acordo com esta ferramenta, existem quatro tipos básicos de comportamentos previsíveis observados nas pessoas. Essas respostas comportamentais resultam de uma combinação de duas dimensões: uma interna (percepção do poder pessoal no ambiente) e outra externa (percepção da favorabilidade do ambiente). Como resultado, os perfis podem ser de dominância, influência, estabilidade ou conformidade.

O Disc não é um instrumento que mede a capacidade intelectual ou o nível de conhecimento de uma pessoa, ele se baseia em estímulos e respostas. Sabendo que determinada circunstância, motivação ou fato causam ações ou reações diferentes no indivíduo, o comportamento definido na terminologia do Disc se dá pelo somatório das possíveis respostas que uma pessoa teria a estímulos variados (MATOS, 2010).

Uma avaliação Disc é uma maneira interessante para entender melhor seus comportamentos. Por meio do conjunto de características, é possível identificar para quais atividades você apresenta maior aptidão. A partir do momento em que você tem a oportunidade de conhecer esta poderosa ferramenta, poderá aproveitá-la como recurso para o autoconhecimento e o desenvolvimento pessoal.

O CÓDIGO DA REALIZAÇÃO

1 – Dominância (D)

Perfil de pessoas que lidam com desafios e problemas, além disso se posicionam em relação às pessoas a sua volta. Geralmente, o perfil dominante assume uma posição de comando. Profissionais que têm um elevado grau de dominância em seu perfil comportamental são mais competitivos, decididos e focados em resultados. Quando líderes, assumem uma posição autocrática, centralizando o poder.

2 – Influência (I)

Perfil de pessoas que costumam ser populares e queridas por seus colegas de trabalho. Aqui o foco está na capacidade de comunicação e de relacionamento, aferindo como o indivíduo lida com as demais pessoas e qual é sua capacidade de influenciá-las. São profissionais hábeis socialmente, capazes de criar fortes vínculos com seus amigos, solucionar conflitos e exercer posições de liderança. Esses indivíduos geralmente também são inspiradores.

3 – Estabilidade (E)

Perfil de pessoas pacientes e persistentes. O foco aqui é aferir como a pessoa encara situações de mudança – sejam positivas ou negativas – e de que forma adapta seu trabalho a elas. Colaboradores com elevada estabilidade são mais constantes – ou melhor, não se abalam tanto com os problemas que surgem. Além disso, são considerados bons ouvintes, agradáveis e têm um profundo espírito de equipe.

4 – Conformidade (C)

Perfil de pessoas com uma reação cautelosa diante do que acontece no ambiente de trabalho. Colaboradores com eleva-

Vamos ver isso na prática?

Eduardo, gerente em uma empresa multinacional no Brasil, relata sua ótima experiência com o Disc:

da conformidade são mais sistemáticos, apegam-se e atuam com base nas regras preestabelecidas. Além disso, são mais cuidadosos, perfeccionistas e precisos naquilo que realizam.

> Obtive uma ótima experiência com o teste Disc no final do ano de 2010. Ele foi aplicado com todos os gerentes e fomos todos levados para uma sala de conferências de um hotel, onde ficamos por alguns dias para aprender sobre nossos perfis e também sobre outros elementos de liderança. Confesso que não era somente uma ansiedade exclusivamente minha em passar por este processo e aos poucos os anseios de todo o grupo foi diminuindo. Durante o evento, houve uma série de vivências em que aprendemos a interagir uns com os outros. Fiz descobertas incríveis, e antes do Disc eu sabia que tinha uma forte tendência a ser dominante (D) e um forte tipo interativo/influente (I), traduzindo: um grande potencial de liderança. Se você apontar a minha forma empolgada de falar sobre qualquer assunto que tenho entusiasmo, vai ser difícil me impedir de falar. Confesso que cheguei algumas vezes a me preocupar, mas o Disc me tranquilizou e me deu paz de espírito. Para você poder entender, desde que eu era pequeno, sempre tive a tendência de atrapalhar determinadas oportunidades

O CÓDIGO DA REALIZAÇÃO

de lazer com os amigos, quando estávamos em grupos. No meio da brincadeira, eu perdia o bom humor, acabava contagiando as pessoas e os ambientes de forma negativa. Eu sofria com isso, mas não conseguia entender o que acontecia comigo e nem sabia a fórmula para mudar. Veja o quanto esse processo fez diferença em minha vida! Um fardo pesado que carreguei durante tanto tempo se desfez. Descobri minhas características e tendências a ser um Dominante primário (D) com um forte Interativo secundário (I). Depois de receber os resultados e pontuações do Disc, me aprofundei e busquei todas as informações possíveis para compreender tudo minuciosamente. Mas não fiquei por aí! É claro que conversei e compartilhei meu perfil com meu diretor e discutimos meus progressos na empresa e minhas experiências na organização. Depois desta conversa, verifiquei que saber que eu era um D/I me deu muita tranquilidade e aumentou minha autoconfiança. Eu estava administrando meu trabalho de forma positiva, canalizando para um lado positivo do meu perfil, de acordo com minha essência. Para você entender melhor, eu tive a síndrome do filho mais velho, sendo o produto de um pai superviciado em trabalho, e enfrentei outros problemas em minha vida que influenciaram a minha personalidade D/I, sendo um perfil natural de minha vivência. Muitas das expectativas de meu pai foram em mim depositadas. Eu também tive problemas em manter relacionamento com minha ex-esposa.

Ela era S/I e, enquanto o relacionamento durou, o que nos manteve felizes foi a interseção de nosso I = Influência. Nós dois éramos falantes e ficávamos acordados por horas a fio, conversando um com o outro. Foi incrível nosso relacionamento e fui muito apaixonado por ela. Ela era um grande C para o meu grande D, mas adorava me deixar responsável por tudo, de modo que também foi um fator-chave que funcionou e foi confortável para nós. Eu ficava irritado às vezes, quando ela demorava para tomar decisões. Quando demorava muito tempo eu simplesmente fazia e ela não se importava. E algumas vezes comentou se sentir aliviada pela minha iniciativa. Também acho que sou atraído naturalmente por outros D's e me sinto muito confortável com eles. Se um Dominante não tem um forte aspecto de Influência (I), eu acho mais difícil interagir com ele, porque eu tenho o perfil muito forte. Sou bom em ouvir, mas também adoro conversar. Um dominador com uma interatividade igualmente equilibrada, considero que seria uma pessoa ideal para sair comigo ao Starbucks para tomar um café. Outro grande benefício de aprender minhas pontuações de Disc e estudar meus traços de personalidade foi me ajudar a maximizar o meu melhor e aperfeiçoar quando ocorrem as manifestações negativas de ser um tipo Dominante forte. Mas, enfim, a empresa de *software* para a qual eu trabalhei estava realmente correta com a estratégia, com a aplicação dos testes

O CÓDIGO DA REALIZAÇÃO

e treinamentos baseados na ferramenta Disc. Antes do Disc, tínhamos problemas e conflitos definidos em algumas das equipes de gerenciamento. Depois de aprender sobre os principais resultados do Disc de cada gerente, que foram compartilhados nas sessões de treinamento, começamos a trabalhar melhor como equipe. Impressionante o resultado e as mudanças que ocorreram. Pela minha própria experiência, o Disc realmente me ajudou a desenvolver uma autoconsciência mais profunda, autoconfiança, e me tornou um gerente líder e uma pessoa muito melhor na administração de negócios. No meu caso, realmente ajudou a mudar minha vida de uma maneira muito positiva.

Existem recursos para modificar sua vida

Assim como o Eduardo, você também pode se beneficiar com mudanças para sua vida, de forma muito favorável em busca de sua realização. Encontrar os caminhos do aperfeiçoamento e desenvolver competências faz parte da missão de vida de todos nós. Imagine o reconhecimento que você pode ter em sua empresa aplicando recursos validados mundialmente como o Disc. Outras pessoas que tiverem oportunidade em sua equipe também agradecerão pelas infinitas possibilidades de crescimento.

A hora é agora! Faça o melhor com sua experiência e multiplique a felicidade ao seu redor. O mundo corporativo pode ser conquistado por você, basta dar o primeiro passo. Mãos à obra!

CAPÍTULO 3
A CAUSA DO GRANDE PROBLEMA

"A excelência é o resultado gradual
do esforço contínuo por buscar o melhor."
Pat Riley (treinador da NBA)

Foi discutido até aqui como a falta de um método eficaz para alcançar seus objetivos e metas pode ser um grande problema na sua vida, de modo geral. Também tratamos sobre qual é o seu perfil de temperamento e quais são as áreas de sua vida que precisam de equilíbrio. Muito bom!

Agora falarei para você o porquê de as pessoas não seguirem métodos efetivos e equilibrados para alcançar suas metas na vida, ou seja, demonstrarei a causa do grande problema. Vamos lá!

Métodos efetivos e conhecimento: uma ponte necessária para solucionar o grande problema

Atualmente, na era tecnológica, muitas pessoas leem livros; assistem a palestras, videoaulas; mas ainda assim

O CÓDIGO DA REALIZAÇÃO

não conseguem absorver, fixar e colocar em prática os ensinamentos. Isso se dá pela falta de um método eficaz e de processos otimizados, capazes de colocar as ideias, o conhecimento adquirido e os projetos em prática. Tudo o que você precisa fazer para conquistar seus maiores planos e mudar sua vida é encontrar metodologias efetivas que podem conduzi-lo a sua melhor versão.

No entanto, ter um método sem uma base sólida de conhecimento é também muito preocupante. Sendo assim, você precisa ir em busca do equilíbrio: ferramentas efetivas para elaboração e execução de metas, assim como encontrar conteúdos efetivos que ajudem e embasem os instrumentos que você utilizará.

O conhecimento é "(...) um conjunto de informações que o indivíduo adquire por meio de sua experiência, aprendizagem, crenças, valores e *insights*, sobre algo no decorrer de sua trajetória" (MARQUES, 2017). O conhecimento é capaz de alterar comportamentos e é imprescindível na tomada de decisão. Se não conhecemos algo, dificilmente conseguiremos decidir de forma assertiva. É preciso compreender todas as variáveis que influenciam aquele objetivo, desde os materiais que serão necessários para iniciá-lo, quais os benefícios, custos e até consequências a curto, médio e longo prazo.

De maneira geral, o conhecimento pode ser aplicado em todas as áreas de nossa vida. Aqui, o conhecimento estável é aplicado para resolver problemas e atingir objetivos de forma equilibrada e é criado pelo pensamento imaginativo e crítico. Precisamos de inúmeras ideias, incluindo aquelas que não são óbvias, colocando a imaginação e o senso crítico para trabalharem. Nesse processo, necessitamos corrigir os erros para nos livrarmos das falhas. Com esses dois componentes, podemos aprender coisas novas. Foi partindo

WAGNER MOTA

desse processo de pensamento crítico, criatividade e muitos outros treinamentos que nasceu o Código da Realização.

Nesse contexto de aplicar o conhecimento certo para um determinado objetivo, também é importante sermos sensíveis aos problemas. Eles são oportunidades para aprender algo novo e melhorar nossas vidas; mas algumas pessoas têm medo de problemas ou os consideram inevitáveis, aversivos e permanentes. Algumas pessoas podem dizer: "Ah, mas a vida não é justa, e quem você acha que é tentando fazer melhor o que milhares de pessoas inteligentes antes de você já fizeram? Alguns problemas nunca vão desaparecer e você deve se acostumar com eles". Essas pessoas não percebem, não acompanham e nem se esforçam para solucionar problemas tão bem quanto poderiam e acabam tendo uma atitude agressiva. Isso significa que elas são menos resolvidas e não corrigem suas falhas, se comparadas a pessoas que estão aqui, procurando instrumentos para serem cada vez melhores.

Existe um filme chamado *Três dias do Condor (Three days of the Condor)*, no qual um homem, contratado pelo serviço secreto americano, é encarregado de ler o maior número possível de livros de todos os gêneros, a fim de procurar por códigos escondidos e mensagens que poderiam ser transmitidas por espiões dentro do país.

É claro que o principal objetivo dessa tarefa é que ele encontre provas de que inimigos se comunicam em segredo de Estado, mas há um efeito colateral da leitura – ele se torna incrivelmente instruído. Esse excesso de conhecimento lhe garante a capacidade de descobrir que os membros do serviço secreto estão, de fato, tentando matá-lo. Felizmente, nesse contexto, suas novas habilidades incluem grampear telefones, executar tarefas complexas, praticar a chamada ciência forense e abrir com facilidade fechaduras trancadas.

O CÓDIGO DA REALIZAÇÃO

É uma história fictícia, é claro, mas ilustra como é possível se tornar quase um super-herói por meio do conhecimento. Dessa forma, você pode compreender como um método baseado em um conhecimento sólido pode mudar a sua vida! Por isso, também vou apresentar a você porque o conhecimento é tão poderoso e como você pode usá-lo para alcançar seus objetivos.

Ser o melhor no que você faz

O primeiro tipo de conhecimento que você deve procurar acumular é o conhecimento relacionado ao seu estilo de vida e ao que você faz. Um mecânico, por exemplo, deve conhecer tudo o que puder sobre veículos e sobre engenharia mecânica. Desse modo, ele poderá reparar melhor os carros do que qualquer outra pessoa, e provavelmente conseguirá mais clientes e os melhores negócios.

Inovar

De acordo com David Burkus, "a inovação é a aplicação de ideias que são novas e úteis" em um aspecto da vida, seja no trabalho ou vida pessoal; isso significa que suas ideias e seus conceitos são originais ou você sabe muito sobre determinada área. Imagine, por exemplo, que você seja um arquiteto capaz de criar estilos inovadores de prédios. Ou então imagine que enquanto arquiteto você domina a maior parte dos conhecimentos de sua área e é o melhor.

Então, nos dois casos, em teoria, significa que você é capaz de analisar todas as informações que você tem de maneira uniforme e encontrar a melhor solução – para criar projetos arquitetônicos e *design*. Ter conteúdo superficial sobre um determinado assunto pode limitar você a fazer e alcançar seus objetivos.

Ser articulado em situações sociais

Ser bem informado irá ajudá-lo em situações sociais, em como se portar para conquistar respeito e mais colaboradores para o seu projeto. Ter conhecimento é, em primeiro lugar e acima de tudo, altamente importante para os líderes, sendo, muitas vezes, o padrão para a escolha daquele que ocupará esse lugar. A pessoa deve ser capaz de fornecer os melhores conselhos e as melhores recomendações. Por exemplo, imagine que você está perdido na floresta com um grupo de amigos, nessa situação a pessoa que tem o treinamento de sobrevivência será a que provavelmente assumirá o controle e a que todos seguirão.

Ao mesmo tempo, a falta de conhecimento pode ser altamente embaraçosa se você for pego de surpresa. Imagine que todos estão falando sobre algo que está sendo noticiado ou estão discutindo sobre um evento histórico e você não sabe sobre o que estão falando ou não consegue contribuir. Isso geralmente faz com que você se sinta fora do grupo ou até mesmo sem inteligência, podendo ser considerado ignorante. Por outro lado, ter algo interessante e perspicaz para trazer numa conversa fará com que você pareça mais atraente, inteligente e bem instruído.

Em um processo seletivo, isso poderá garantir sua vaga de emprego. Assim como, em um relacionamento afetivo, isso pode ser uma boa maneira de impressionar um parceiro em potencial – conhecimento e inteligência são características muito atraentes.

Adaptar-se a situações

Se você tem muito conhecimento, então você será capaz de se adaptar a situações e nunca será pego de surpresa. Está trancado do lado de fora da sua casa? A capacidade de abrir fechaduras pode ser útil. O seu carro não está funcionando? Você sabe como consertar? Nenhum *software* oferece o que você precisa? Bem, então por que não programar o seu próprio?

Quanto mais conhecimento você tem, maior é a probabilidade de poder se adaptar à situação, sendo capaz de ajudar a si mesmo e aos outros. Isso economizará tempo e dinheiro, trazendo satisfação e a garantia de que os outros fiquem impressionados.

Mais poder

E finalmente, o conhecimento lhe diz como entender o mundo ao seu redor. Algo como o conhecimento histórico tem muitos benefícios: conhecer o passado pode ajudá-lo a navegar no presente e no futuro. Em resumo, quanto mais você souber, mais capaz se tornará, articulando-se no ambiente ao seu redor. Assim, estará livre das restrições habituais e poderá seguir a vida que você está construindo. O conhecimento aplicado realmente é poder.

> "Milhões de pessoas viram maçãs caindo, mas Newton foi o único que perguntou por quê."
>
> Bernard Baruch

CAPÍTULO 4
O CÓDIGO DA REALIZAÇÃO

> "Tal como um conto, assim é a vida: não
> é a sua extensão, mas sua qualidade
> que importa."
> Sêneca

Nos capítulos anteriores, você descobriu que o grande problema é a falta de um método eficaz, descobriu quais as novas exigências e expectativas do mercado de trabalho, qual seu perfil de temperamento e quais áreas de sua vida estão desequilibradas, e que o conhecimento sólido é essencial para uma mudança de vida radical! Estamos em um caminho excelente.

Agora que você já sabe o que precisa mudar em sua vida, apresentarei o método que é resultado de um trabalho de anos com treinamentos, desenvolvimento pessoal e objetivos alcançados: o Código da Realização.

Nos parágrafos a seguir, você terá a oportunidade de perceber como este método vai transformar sua maneira de encarar a vida.

A solução do grande problema é: conhecimento com o Código da Realização!

O Código da Realização é dividido em cinco passos ou cinco pilares que devem estruturar sua execução. Ao longo deste capítulo, você aprenderá em detalhes todas as especificações dessas etapas.

1 – Construção da base;
2 – Desenhe sua vida;
3 – Foco no sim;
4 – Importância do fluxo/flow;
5 – Os dois caminhos (Antroposofia).

1 – Construção da base

O primeiro passo do Código da Realização é preparar a base para que você alcance seus objetivos de forma equilibrada. Um dos meios pelos quais você pode construir sua base é por meio da atenção plena.

Na Europa, Estados Unidos e, mais recentemente, no Brasil, os executivos e empreendedores estão cada vez mais interessados neste tema.

Mas, afinal, o que é isso?

O grande jogador de basquete da NBA LeBron James é adepto da prática e relatou que a qualidade de seu jogo melhorou consideravelmente. No mundo corporativo, grandes empresas globais têm utilizado a mesma estratégia, como o Google, que possui um programa específico chamado *Search inside yourself* (Procure dentro de você – em tradução livre para o português) aplicado desde 2007. Tal

WAGNER MOTA

treinamento potencializa as habilidades dos colaboradores e, consequentemente, da empresa.

Como obter atenção plena?

Caso você seja sedentário e crie o hábito de se exercitar, começará a notar que o seu desempenho melhorará também em outras áreas da vida, além de sua saúde, disposição e foco.

A atividade física é apenas uma porta; práticas como meditação e meditação ativa podem revolucionar sua vida. Sou adepto e até mesmo instrutor de ambas.

Diversos estudos atestam que seus benefícios são amplos e profundos; elas reduzem os níveis de estresse e ansiedade, ajudam a melhorar a concentração e aumentam a produtividade. A meditação nos torna mais saudáveis!

Benefícios da meditação:

- Reduz o estresse;
- Diminui a obesidade;
- Reduz o risco de infarto;
- Aumenta o foco;
- Proporciona mais criatividade
- e produtividade.

Imagine que sua mente é um computador ou até mesmo um *smartphone*. Quando esses aparelhos estão com muitos *softwares* ou aplicativos instalados, começam a travar, não é mesmo?

Quando você começa a limpar o excesso de programas ou aplicativos, a *performance* desses aparelhos volta a melhorar. Algo semelhante a isso acontece com nossa mente, a vantagem é que não perdemos as informações após a faxina mental.

O CÓDIGO DA REALIZAÇÃO

É muito importante desmistificar a meditação, visto que ela não precisa estar atrelada a nenhuma religião; além disso, existem formas muito simples de realizá-la e os benefícios que recebemos com a prática constante são enormes. Faça essa essencial limpeza mental! Para que você consiga desfrutar dos benefícios, comece com a meditação de um minuto. Fique tranquilo que vou lhe ensinar. Depois busque um curso especializado para aprofundamento, com apropriação da técnica, e procure aumentar a frequência da prática, começando a incorporá-la em seu dia a dia. Apenas algumas semanas depois já conseguirá sentir a mudança, de modo a se sentir cada vez mais confortável. Você será muito mais beneficiado se praticar 15 ou 20 minutos diariamente, em vez de duas horas seguidas em apenas um ou dois dias na semana.

O segredo, como quase tudo na vida, é a constância! Recomendo que adquira o hábito de meditar pela manhã, assim estará com a mente apta e preparada para iniciar o dia.

Meditação de um minuto

1) Sente-se com a coluna ereta em uma cadeira; caso consiga, afaste um pouco as costas do encosto da cadeira, para que sua coluna possa se sustentar sem apoio. Deixe os pés com toda a planta no chão. Feche seus olhos.

2) Foque sua atenção na respiração, sem fazer esforço, atentando para o ar entrando e saindo de seu corpo. Apenas repare nas sensações causadas pela inspiração e expiração. Não aumente ou diminua o ritmo natural de sua respiração, apenas observe-a.

3) Eventualmente sua mente pode começar a viajar em pensamentos; quando perceber isso, não lute contra, ape-

nas redirecione sua atenção novamente para a respiração, de forma serena. Não se culpe por perder o foco. A atitude de apenas retomar a atenção, sem recriminações, é essencial para que a prática seja proveitosa.

4) Sua mente eventualmente poderá apresentar-se serena e tranquila, ou, por outro lado, você poderá sentir-se irritado, entediado. O importante é você não lutar contra essas sensações. Se tiver que tossir, vá em frente; se tiver que espirrar, siga da mesma forma.

5) Após um minuto, abra os olhos lentamente e observe o ambiente ao seu redor.

Reflexão:
O que eu vou fazer para permitir a construção da base?

_____

_____

_____

_____

2 – Desenhe sua vida

O segundo passo do Código da Realização é desenhar sua vida para que consiga atingir suas metas mais rapidamente. Identifique seus objetivos e do que precisa para alcançá-los. Além de entender as situações, definir seus objetivos envolve a dedicação e a capacidade de lidar com a própria mente, com suas emoções e expectativas. Por isso, além de objetivos bem definidos, é importante trilhar um caminho corretamente direcionado. Dedicar-se a isso envolve a prática da atenção plena, que nos leva a desenvolver habilidades para fortalecer nossas capacidades de acordo com o que planejamos e a promover as mudanças que queremos.

O CÓDIGO DA REALIZAÇÃO

Precisa emagrecer? Você precisará reeducar seus hábitos alimentares e praticar exercícios físicos. Precisa de dinheiro? Você terá que desenvolver uma estratégia para consegui-lo, seja por meio de um trabalho convencional, seja buscando empreender e investir. Tem alguma habilidade não reconhecida? Passe a expor às pessoas o seu talento!

Para atingirmos os resultados desejados, nada mais eficiente do que desenvolvermos um plano de ação bem estruturado.

Os caminhos percorridos podem ser o mais diversos possível, o importante é se concentrar para formatar um objetivo claro e depois adotar um método para alcançá-lo. É preciso traçar cada um dos pequenos passos necessários.

> **Você sabia?**
> Menos de 3% das pessoas têm seus objetivos por escrito e menos de 1% os revê com regularidade!

O mais interessante é que muitas pessoas participam de treinamentos de alto custo e aprendem que é importante termos as metas por escrito e fazermos a gestão visual, acompanhando-as. Apesar disso, são poucos os que de fato agem. Por essa razão, nas empresas há apenas um presidente, poucos diretores e muitas pessoas na base da pirâmide.

Se quiser de fato obter o que deseja, é necessário agir!

Para estruturar seu plano, utilize a ferramenta Roda da Vida e identifique a qual segmento de sua vida você precisa dedicar mais atenção neste momento.

É muito simples: você vai estabelecer notas de zero a dez para cada setor de sua vida e colocar um ponto no espaço correspondente. Quanto maior o valor, mais distante essa marcação deverá ficar do centro e, quanto menor, mais próxima.

Ao final, você deverá unir os pontos e formar um gráfico. Foque no setor em que a nota atribuída foi menor que cinco.

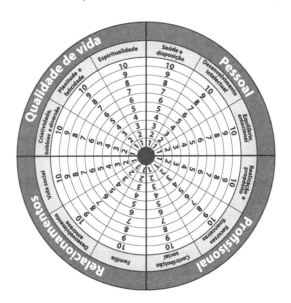

A Roda da Vida contempla as 12 grandes áreas da vida: família; relacionamento amoroso; vida social; criatividade, *hobbies* e diversão; Plenitude e felicidade; espiritualidade; saúde e disposição; equilíbrio emocional; realização e propósito; recursos financeiros; contribuição social.

Para avançar e obter resultados significativos nessas áreas, é importante pensar:

O que está ao meu alcance e o que eu posso fazer para melhorar essa situação?

_____

_____

O CÓDIGO DA REALIZAÇÃO

Quais os "pontos cegos" que me recuso a olhar?

_____

_____

O que eu posso aprender com essa questão?

_____

_____

Como esse aprendizado pode me fazer crescer?

_____

_____

Após identificar em qual segmento deve concentrar seus esforços, você pode criar um plano de ação por meio da ferramenta 5W2H. Estrategicamente, distribua seu projeto em pequenas partes e avance aos poucos. As chances de sucesso aumentam quando se completa cada etapa simplificada aos poucos, ao invés de uma grande tarefa por vez.

Por exemplo, ao mencionarmos um objeto complexo como "quero abrir minha empresa", a sensação pode ser de distanciamento e impossibilidade. E, por isso, muitas vezes, terminamos por não concluir ou sequer iniciar a busca. Por outro lado, ao olharmos uma tarefa simples, é mais fácil sair da inércia e agir. Seguindo o exemplo anterior, abrir a própria empresa nos leva a pensar: "e se começarmos pelo nome da empresa?" – iniciar por uma coisa simples nos motiva a seguir firmes no propósito.

É importante pensar no seu objetivo como um todo, mas, para aumentar a eficiência de seu projeto, divida-o em fases menores e mais simples. Certa vez, em um evento, ao conversar com um grande empresário e visionário brasileiro, Célio Antunes, CEO e fundador da Impacta, ele me falou sobre dois pontos que considerava importantes:

1) **Para o futuro:** estudar sobre a Indústria 4.0;
2) **O que o fez chegar onde estava:** um plano de vida!
5W2H simplificado:

O que	Como	Quem	Quando		Onde
			Início	Fim	

Uma sugestão: com as ferramentas apresentadas, crie uma ou no máximo duas metas. Posteriormente, de alguma forma faça a gestão visual do seu progresso. Você pode usar o formulário 5W2H simplificado ou outra maneira para gerir seus objetivos, eu fiz o seguinte: comprei um quadro branco, coloquei em uma parede em minha casa e lá coloco minhas metas. **Por exemplo:** lançar um curso sobre *Design Mindset* em 4/2020. Todo dia logo cedo após a meditação, visualizo esse quadro. Com a mente preparada, faço a gestão visual de minhas metas e assim influencio positivamente meu inconsciente; isso me ajuda tremendamente a identificar as oportunidades relacionadas a minha meta.

O CÓDIGO DA REALIZAÇÃO

É fundamental sabermos que 95% de toda nossa atividade cerebral não é consciente. Nosso inconsciente controla muitas coisas sobre as quais pensamos ter controle, como aquilo que comemos, ou nossa competência inconsciente de dirigir, o que nos permite conversar com outra pessoa que está conosco no carro sem maiores problemas.

Assim, é uma boa ideia influenciar nosso inconsciente para trabalhar a nosso favor ao invés de envená-lo com programas negativos, que apenas mostram as misérias da vida. Conforme escreve Jonathan Haidt, em *A conquista da felicidade*: "O pensamento consciente é lento, processando em média cinquenta *bits* de informação por segundo; por outro lado, o cérebro inconsciente processa cerca de onze milhões de bits por segundo".

O que acha de começar a explorar melhor os processos inconscientes que são muito mais ágeis a seu favor?

Alimente sua mente com as informações corretas!

Reflexão:
Já tenho a base preparada, e agora como vou desenhar minha vida?

_____

_____

_____

_____

3 – Foco no sim

O terceiro passo do Código da Realização é focar no sim! Até agora você já preparou sua mente, planejou e desenhou sua vida. O próximo passo é o foco.

Como você já cumpriu duas etapas do processo, já preparou sua mente, já planejou seu objetivo e passou a alimentar

WAGNER MOTA

seu inconsciente, visualizando e lembrando-se de sua meta todos os dias. O próximo passo é mais fácil de cumprir. Sua atitude é fundamental para seu fracasso ou seu sucesso. A maneira como você observa os acontecimentos e os problemas que acontecem reflete na maneira como esses problemas poderão ser resolvidos ou não. Tenha uma atitude positiva! Olhar o aprendizado que as situações aparentemente não favoráveis nos trazem é muito importante. Os americanos valorizam muito o que por aqui chamamos de fracasso. Eles até mesmo realizam um grande evento onde discutem seus próprios fracassos, o que de fato gera grande aprendizado (FailCon). A mudança de olhar é um excelente começo para uma mudança de posicionamento e de atitude. Ainda bem que eventos como este passaram a ser realizados no Brasil também.

Perceba as oportunidades ao seu redor e não as desperdice! A troca de conhecimento, de informações e de possibilidades se dá pelo contato com as outras pessoas. Novas oportunidades surgem para quem está focado em identificá-las e a quem se permite tirar proveito disso!

Muitas vezes, as oportunidades estão à nossa frente, basta ter foco e atitude. Como você já passou pelos passos anteriores, estará muito mais atento e preparado, alimentando seu hiperfoco. Procure identificar, nessas interações, tudo aquilo que se relaciona com sua meta. Ficará mais fácil para você focar nessas oportunidades e dizer sim a elas. Preste atenção, aprenda com as vivências de outras pessoas. Não deixe que as oportunidades passem despercebidas!

Lembre-se de que no capítulo II você identificou as áreas de sua vida que precisam ser melhoradas e utilizou esse conhecimento para construir seus objetivos. Agora, você tem a oportunidade de focar em uma área de cada vez, trabalhando em um objetivo. Identificar as áreas da vida a serem trabalhadas, saber modificar as prioridades e ajustar o foco de acordo com as circunstâncias é sabedoria.

Foque no sim, identifique a oportunidade e realize!

Reflexão:
Já desenhei minha vida e tenho uma base preparada, de que maneira vou definir meu foco?

4 – Importância do fluxo/flow

O quarto passo do Código da Realização é atingir o fluxo! O fluxo ou *flow*, em inglês, é considerado o estado mental de atuação em que uma pessoa está totalmente envolta ou imersa naquilo que está fazendo. É caracterizado por um sentimento de total aderência e êxito no processo na atividade. Proposto pelo psicólogo Mihály Csíkszentmihályi, o conceito tem sido cada vez mais utilizado.

Ao atingir este estado, você será capaz de realizar ações incríveis! Com muito foco, sentindo-se totalmente imerso na atividade.

Sua energia flui na direção do foco. O pensamento e a concentração aumentam as chances de sucesso. Assim como um surfista, que, ao pegar uma onda, flui com a força da natureza, você também pode fazer isso; saiba identificar quando a vida está favorecendo-o e não reme contra a maré. Isso é sabedoria. Viva o presente, mas não se culpe caso os planos não saiam da maneira desejada. Percalços acontecem, e sofrer ou se culpar por eles pode levar você a perder o foco em seu objetivo maior. Muitas vezes é necessário esperar a tempestade passar e depois avançar.

Lembro-me agora de um pensamento atribuído a Einstein: "Ficar uma hora conversando com uma linda mulher parecerá apenas um minuto; ficar um minuto com os pés sobre brasas parecerá uma hora". Acho que esse pensamento reflete bem o estado de *flow*: fazer uma atividade que nos envolve sobremaneira, a ponto de não percebermos o tempo passar. Ao lidar com situações desagradáveis, esteja com o foco no sim. Não se culpe caso momentaneamente as coisas não saiam como planejado, a prática é a chave do sucesso. Esteja presente no agora, viva com intensidade, procure colocar sua energia em cada atividade que está fazendo sem se perder em ruminações do passado ou preocupações com o futuro. Afinal, o planejamento existe para isso.

Na sabedoria oriental existe a filosofia do Wu Wei, que consiste na vivência do hoje, sem julgamentos. Wu Wei é andar com naturalidade e aproveitar aquilo que a vida está nos apresentando; é a ação não intencional. É deixar o barco a vela levá-lo para onde você quer ir utilizando a força da vida a seu favor. É aguardar o momento oportuno, quando não há vento, para colocar todo seu esforço na direção correta e com a intensidade adequada, o que configura a ação intencional.

A formação de hábitos positivos pode nos ajudar muito a fluir ou a executar uma série de atividades sem gastar tanta energia. Na primeira vez que vai até um endereço, você precisa prestar muita atenção e geralmente gasta mais tempo para chegar até lá. Algumas repetições depois, uma trilha é construída em sua mente. Ao fazer este mesmo percurso diariamente, por 30 vezes, você terá automatizado esse processo e não vai mais se preocupar em como chegar ao destino.

Para implementar o hábito da meditação, passei por esse processo. Hoje faço diariamente, inclusive aos sábados, domingos, feriados e quando estou viajando.

> É um ótimo plano de vez em quando sair e relaxar um pouco... Quando você volta ao trabalho, seu julgamento estará mais confiante, porque permanecer constantemente no trabalho fará você perder a capacidade de julgamento.
>
> Leonardo da Vinci

Reflexão:
De que maneira eu vou atingir o estado de fluxo, uma vez que já estabeleci o foco, desenhei minha vida e já tenho uma base preparada?

_____

_____

_____

_____

5 – Os dois caminhos (Antroposofia)

O quinto e último passo no Código da Realização é percorrer os dois caminhos da aprendizagem. De acordo com a Antroposofia, do grego, "conhecimento do ser humano", sistematizada pelo filósofo austríaco Rudolf Steiner, todos nós possuímos as faculdades anímicas do pensar, sentir e querer/agir.

Tal estrutura é conhecida como Arquétipo da trimembração e a partir dela é possível entendermos mais como se dá o processo de aprendizagem. Melhorar rumo aos seus objetivos requer disciplina e aprendizado constantes, de maneira formal (leitura, informações) e de maneira informal (lidar com pessoas e situações). Podemos passar pelo processo de aprendizagem por meio de dois caminhos:

1) O caminho da instrução;
2) O caminho da descoberta.

O caminho da instrução é muito utilizado por nós, ocidentais. Ele começa no pensar; passa pelo sentir e termina no querer/agir. Esse caminho compreende o estudo, a aprendizagem de maneira normativa, tradicional, e o conhecimento que buscamos em livros, revistas, jornais e sites especializados. Muitas vezes, ao utilizar esse caminho, racionalizamos demais no início do processo, ou no segundo estágio (sentir) criamos antipatia ou objeções por algo ou alguém e não realizamos aquilo que deveríamos (querer/agir). Lemos um excelente livro, assistimos a uma aula que nos dá uma série de *insights*, mas não conseguimos mobilizar nossa energia para a realização; assim continuamos comprando livros, fazendo cursos e não obtemos os resultados almejados.

O caminho da descoberta, por outro lado, envolve processos de aprendizagem mais dinâmicos, depende da vivência e visão de mundo particulares de cada pessoa.

A ideia é utilizar um pouco mais o caminho da descoberta; após ler um livro ou participar de uma palestra, não fique pensando muito sobre agir ou não; permita-se atuar utilizando o caminho inverso:

1) Querer/agir;
2) Sentir e
3) Pensar.

O CÓDIGO DA REALIZAÇÃO

Os dois caminhos são muito importantes. A proposta aqui é utilizar os dois, e dar um pouco mais de atenção ao segundo, que muitas vezes é deixado de lado. Ideias valem muito pouco; o que realmente vai causar uma revolução em sua vida e vai trazer os resultados que tanto espera é o agir! Steve Jobs, no início, não tinha a maior parte das ideias, mas, sim, o outro Steve, o Wozniak, cofundador da Apple. Porém, ele fazia as coisas acontecerem. Grandes empresas, empreendedores brasileiros também não criaram seus produtos ou serviços, mas trouxeram as ideias ou os sistemas que estavam funcionando no exterior e os implementaram no País. Exemplos desse processo são os programas de televisão que existem com o mesmo formato no mundo todo.

Não espere ter a ideia de um milhão de dólares. Ela não é a mais importante, e muitas vezes representa 1% do resultado; o mais importante, os outros 99%, estão atrelados a um método eficiente e em última análise em sua atitude de tomar as ações necessárias.

Tenho certeza de que a chance de você aumentar o seu nível de realização melhorará de maneira exponencial quando passar a ter mais senso de urgência e procurar agir e explorar mais!

Você já falou ou ouviu alguém dizer que, se soubesse que a experiência que acabou de passar era tão boa, teria feito antes? Pois saiba que isso é bastante comum. Imagine quanto tempo e oportunidades podem estar sendo perdidos!

Seguir aperfeiçoando-se é um investimento contínuo. Seja por meio do contato com outras pessoas, do desenvolvimento profissional, seja da busca por novas informações. Quanto mais você se aperfeiçoa, mais descobrirá novos caminhos para alcançar resultados efetivos na busca por seus objetivos.

Liste seus pontos fortes e oportunidades de melhoria, observe cada um deles e veja como pode melhorá-los de acordo com os objetivos definidos neste livro.

Pontos fortes

_____

_____

_____

_____

Oportunidades de melhoria

_____

_____

_____

_____

Resumo: os dois caminhos são instrução e descoberta.

1) Instrução: pensar, sentir e querer. Eu racionalizo o conteúdo do seminário, tenho sensações sobre isso e depois vou agir.

2) Descoberta: agir, sentir e depois pensar e racionalizar.

Reflexão:
De que maneira eu vou implementar o conhecimento, uma vez que já atingi o estado de fluxo, estabeleci o foco, desenhei minha vida e já tenho uma base preparada?

_____

_____

_____

_____

CAPÍTULO 5
USANDO O CÓDIGO DA REALIZAÇÃO

> Quando evitamos os riscos, arriscamos o que há de mais importante na vida: buscar o crescimento, o desenvolvimento de nosso potencial e a oportunidade de oferecer uma contribuição genuína para uma meta comum.
>
> Max De Pree

Depois de levá-lo a compreender o que é o método do Código da Realização, neste capítulo ensinarei a usá-lo. É muito importante que você tenha em mente que apenas ler este livro não mudará sua vida, você precisa agir para que isso aconteça. Assim, nos próximos parágrafos o guiarei pelo caminho das ações, explicando princípios que garantem a prática da metodologia aprendida no capítulo anterior.

O Código da Realização só acontece se você colocá-lo em prática!

As ideias valem muito pouco, o fantástico está em executá-las e ter resultados. Por isso, é fundamental que você incorpore o método e comece a agir. Perceba que a intenção

O CÓDIGO DA REALIZAÇÃO

de agir baseada em uma ideia é apenas 1% de todo o processo de realização. São as ações que farão toda a diferença! Todos os cinco passos do Código da Realização foram estruturados para permitir que você se mova em direção à realização de seus objetivos de forma estável, mas todos eles dependem da sua ação! Veja a seguir:

IDEIA (1%) + AÇÕES (99%) = RealizAÇÃO
CAMINHO + CAMINHANTE + CAMINHAR = RESULTADO

E nessa caminhada, para colocar em prática o Código da Realização, existem alguns aspectos fundamentais.

Quando falamos de vida profissional, os seguintes pontos devem ser observados: busca de conhecimento, parcerias e ação.

1 – Busca de conhecimento

Constantemente você como profissional precisa buscar conhecimento e se aprimorar cada vez mais. Como estamos vivendo na era da informação, o conhecimento muda rapidamente e precisamos estar atualizados frente a essas transformações, já que ele irá garantir que tenhamos melhores resultados no trabalho e alcancemos nossos objetivos. Tome como exemplo este livro: tudo a que tem acesso aqui é fruto de diversas formações de alta qualidade, experiências, vivências, aplicações e resultados efetivos para você aplicar em sua vida e conseguir grandes resultados.

Usar o conhecimento em seu negócio, por exemplo, não é necessariamente pensar em novos produtos e serviços

WAGNER MOTA

inteligentes, ou em inventar novas maneiras engenhosas de vendê-los. É muito mais simples. Um conteúdo útil e importante já existe em seu negócio e pode ser encontrado:

* Na experiência de seus funcionários;
* Nos projetos e processos para seus produtos e serviços;
* Nos seus arquivos de documentos (seja digitalmente, em papel ou ambos);
* Nos seus planos já existentes para atividades futuras, como ideias para novos produtos ou serviços.

O desafio é aproveitar esse conhecimento de maneira coerente e produtiva. Se você tem uma empresa ou pretende abrir uma, provavelmente já fez a pesquisa de mercado sobre as necessidades que o seu negócio pode atender e suprir (público-alvo). Se ninguém quisesse o que você está vendendo, você não estaria negociando. Você pode adaptar esse conhecimento de mercado para segmentar clientes específicos com tipos específicos de produto ou serviço.

Seus arquivos de documentos sobre clientes e fornecedores contêm uma riqueza de informações que podem ser inestimáveis tanto no desenvolvimento de novos produtos ou serviços quanto na melhoria dos já existentes. Seus funcionários provavelmente terão habilidades e experiência que você pode usar como um ativo. Ter uma equipe experiente e diversa ao mesmo tempo pode ser inestimável para diferenciá-lo dos concorrentes.

Você deve garantir que os conhecimentos e as habilidades de seus funcionários sejam repassados aos seus colegas e sucessores sempre que possível, por exemplo, por meio de sessões de *brainstorming*, cursos e treinamentos. A sua compreensão do que os clientes querem, combinada com a experiência de seus funcionários, pode ser considerada como sua base de conhecimento. Usá-la da maneira certa pode ajudá-lo a administrar sua empresa com mais eficiência, diminuir os riscos de negócios e explorar oportunidades ao máximo. Isso é conhecido como a vantagem do conhecimento. Você também deve aprender coisas novas, mas esse processo pode levar um pouco mais de tempo. Isso porque o número de horas necessárias para que você atinja maestria em alguma área é de dez mil horas. Isso mesmo, dez mil horas! No entanto, você pode aprender qualquer habilidade sem se tornar um mestre com apenas 20 horas de dedicação contínua, de preferência todos os dias. Por exemplo, você poderá aprender uma nova técnica de gestão da sua empresa se dedicando duas horas por dia, durante dez dias, e atualmente esses aprendizados mais ágeis são essenciais.

2 – Parcerias

Na vida profissional e pessoal, as parcerias são muito importantes! As parcerias entre os profissionais são fundamentais para o sucesso do trabalho; e sua importância é reconhecida por profissionais em todos os níveis.

As parcerias de sucesso fortalecem a capacidade de projetos e serviços para ampliar seu alcance, engajar mais interessados e alcançar metas compartilhadas. Trabalhar em parceria pode ser benéfico em nível organizacional e individual. As parcerias podem ser estratégicas e voltadas para o escopo, a direção ou o planejamento do programa; ou operacionais e voltadas para recursos, incentivos, engajamento e comunicação. Uma parceria é geralmente um acordo voluntário, mas também pode incluir acordos escritos formais e contratos entre dois ou mais parceiros. As parcerias podem alcançar resultados melhores do que quando indivíduos ou

WAGNER MOTA

empresas agem sozinhos. Elas alcançam maiores benefícios porque compartilham conhecimentos, habilidades e recursos. Esses benefícios podem incluir:

- Prestação de serviços mais eficaz;
- Recursos mais eficientes;
- Desenvolvimento de políticas em níveis organizacionais ou comunitários;
- Desenvolvimento de sistemas como resultado de mudanças nas relações entre organizações;
- Desenvolvimento social ou de negócios visando fortalecer as ações planejadas.

Para realizar o seu potencial, as parcerias devem ser transparentes e responsáveis e devem basear-se em princípios éticos acordados, compreensão mútua, compromisso e respeito pela capacidade de todos os parceiros. Onde a capacidade de cada parceiro é diferente, esses princípios precisam ser claramente entendidos. Em parcerias de curto prazo, esses princípios podem não ser tão aparentes quanto poderiam ser em parcerias de longo prazo. Uma boa prática é a criação de uma carta de valores.

Em algumas parcerias necessita-se de acordos formais, como um contrato ou um memorando de entendimento. Em outras, podem ser necessários apenas registros simples de compromissos e acordos feitos. É essencial identificar a documentação mais adequada para apoiar a parceria logo no início. Elas podem operar em diferentes níveis e isso pode ser determinado pela quantidade de recursos, informações compartilhadas; e pela disposição de mudar as atividades, aumentar a capacidade para um propósito comum ou para benefício mútuo.

O CÓDIGO DA REALIZAÇÃO

3 – Ação

Por fim, a busca de conhecimento e as parcerias devem levar você a agir! A ação propriamente dita em direção a seus objetivos, agora, traçados. Com um excelente conhecimento, bem como uma equipe e/ou parceiros, você será capaz de mover sua vida (tanto profissional quanto pessoal) na direção que deseja. Os resultados começarão a aparecer rapidamente e você será surpreendido. Isso é tão verdade que pode ser comprovado pela chamada Lei de Pareto, pela qual tem-se que 20% de nossas ações geram 80% de nossos resultados.

Dessa forma, por meio do conhecimento (que também passa pelo autoconhecimento), das parcerias e da ação, você conseguirá direcionar seus esforços considerando seus pontos fortes; mobilizando cerca de 80% de seu esforço para reforçá-los e 20% naquelas oportunidades de melhoria que estão representando limitações em sua vida.

Partindo dessas considerações, vamos começar a compreender a importância de um mentor ou *coach*, a importância de mudar sua mentalidade (*mindset*) para uma mentalidade de crescimento e a importância de compartilhar seus conhecimentos! Todos esses elementos ajudarão você ainda mais a guiar o seu caminho e, claro, a colocar o Código da Realização em prática!

Personagens e ferramentas essenciais para o sucesso: equilíbrio entre conhecimento e ação

Neste livro eu estou exercendo o papel de seu *coach* e mentor, porque guio você por meio do método que eu mesmo criei. Além disso, trabalho com você várias ferramentas de *coaching* que o ajudam a atingir seu objetivo. O livro e as ferramentas apresentadas formam os recursos adequados para você alcançar suas metas e ser vitorioso.

Um mentor, *coach* ou treinador é essencial ao contribuir para você trilhar o melhor caminho e atingir seus objetivos em bem menos tempo.

Quando considerar o *coaching*?

• Quando uma empresa busca desenvolver seus funcionários em competências específicas a partir de ferramentas de gerenciamento e desempenho, e envolvendo o gerente imediato;
• Quando uma empresa tem um número expressivo de funcionários talentosos que não estão atendendo as expectativas;
• Quando uma empresa está introduzindo um novo sistema ou programa;
• Quando uma empresa tem um pequeno grupo de indivíduos (5-10) que necessita de maior competência em áreas específicas;
• Quando um líder ou executivo precisa de suporte para adquirir uma nova habilidade ou assumir uma responsabilidade adicional.

Quando considerar a mentoria?

• Quando uma empresa está procurando desenvolver seus líderes ou um grupo de talentos como parte do planejamento de sucessão;
• Quando uma empresa procura desenvolver seus diversos funcionários para remover barreiras que atrapalham seu sucesso;

O CÓDIGO DA REALIZAÇÃO

• Quando uma empresa busca desenvolver seus funcionários de forma mais completa, adicionalmente à aquisição de habilidades e competências específicas;
• Quando uma empresa quer criar uma força de trabalho que equilibre o profissional e o pessoal.

A mentalidade é tudo aquilo em que pensamos. São os pensamentos diários e constantes em como tudo vai na nossa vida. De acordo com os especialistas e estudiosos da área, existem dois grupos de mentalidades ou *mindset* que influenciam a maneira como o indivíduo encara a vida.

O *mindset* fixo é o modelo de pensamentos, ou seja, o modelo mental que interpreta inteligência ou talentos como características inatas, que permanecem relativamente estáveis ao longo da vida. Este é o *mindset* entendido como o mais limitante, deixando o sujeito sempre na zona de conforto.

O *mindset* de crescimento é o modelo de pensamentos, ou seja, o modelo mental que favorece uma visão de mundo na qual habilidades e conhecimentos podem ser desenvolvidos por meio do esforço e da ação. Esse modelo percebe o ser humano em evolução com potenciais a serem desenvolvidos.

Qual mindset você gostaria de possuir?

Somado a um *mindset* de crescimento, compartilhar o seu conhecimento é fundamental para que outras pessoas também se beneficiem dos grandes resultados que você alcançou. É exatamente o que eu estou fazendo com este livro, dividindo meu conhecimento e minhas vivências; assim, eu me sinto realizado em ajudar e você poderá ter seus próprios resultados, de acordo com seus objetivos.

Além disso, se você compartilhar esse conhecimento adquirido com mais pessoas, teremos uma rede de indivíduos construindo suas melhores versões! Um ciclo maravilhoso, não é mesmo? Por isso, tenha sempre em mente que é extremamente importante compartilhar o que você aprendeu.

Compreendida essa fase, vamos agora para algumas dicas adicionais que farão toda a diferença na hora de se preparar para conquistar a vida que almeja. Você aprenderá como se comunicar melhor, como organizar seu tempo, como encontrar o equilíbrio entre habilidade e dificuldade e, por fim, você aprenderá um valioso ensinamento contido na Lei do Triunfo do lendário Napoleon Hill.

Como se comunicar melhor

Uma comunicação aberta e honesta deve fazer parte de todas as relações humanas. Use as diretrizes a seguir para abrir os canais de comunicação entre você e seu interlocutor.

1) Desenvolva empatia:
A empatia é a ação de compreender, estar ciente, ser sensível e experimentar indiretamente os sentimentos, pensamentos e experiências de outro, seja do passado ou presente, sem ter os sentimentos, pensamentos e experiências plenamente comunicados de uma maneira objetivamente explícita. Ela está mais ligada à intenção e postura corporal do que ao tom de voz ou à comunicação verbal.

Empatia:
- 7% verbal
- 38% tom de voz
- 55% intenção e postura corporal

O CÓDIGO DA REALIZAÇÃO

2) Aprenda PNL:
PNL significa Programação Neurolinguística, ou seja, trata-se de uma área de conhecimento que busca entender como a sua linguagem neural funciona. Em outras palavras, aprender PNL é aprender a linguagem da sua própria mente!

A PNL é a prática para entender como você organiza seu pensamento, sentimento, linguagem e comportamento para produzir os resultados que produz. A PNL fornece a você uma metodologia para modelar desempenhos excepcionais, já alcançados por gênios e líderes da área. A PNL também é usada para o desenvolvimento pessoal e para o sucesso na área profissional, para que se obtenha êxito e se livre de crenças limitantes que possam existir.

Um elemento-chave da PNL é que você forma mapas mentais internos exclusivos, com um processo de filtro das informações absorvidas pelos cinco sentidos à sua volta.

Vou explicar mais detalhadamente para você:

Programação
É a resposta comportamental que você dá como resultado de seus processos neurológicos e o modelo de seu mapa linguístico. É o processo automático entre estímulo (interno ou externo) e resposta.

Neuro
Você estabelece em seu próprio sistema de filtragem mental, que é exclusivo para processar os milhões de *bits* de dados e eles são absorvidos pelos sentidos. Por incrível que pareça, o primeiro mapa mental é constituído de imagens internas, sons, consciência tátil, sensações internas, gostos e cheiros que se formam como resultado do processo de filtragem

neurológica. Sendo assim, o seu primeiro mapa mental é chamado de "primeiro acesso" na PNL.

Linguística

Em seguida, você atribuiu significado pessoal às informações recebidas do mundo externo. Assim, formou o segundo mapa mental, conferindo uma linguagem às imagens internas, sons e sentimentos, gostos e cheiros, formando consciência todos os dias. O segundo mapa mental é chamado de mapa linguístico (às vezes conhecido como representação linguística) Vamos simplificar isso com um exemplo. Você já tentou se comunicar com alguém que não falava seu idioma e não conseguia entender você? Ou quando alguém vai a um restaurante em um país estrangeiro e acha que pediu um bife, mas, quando a comida aparece, percebe que pediu um ensopado de fígado.

Esse é o tipo de relacionamento que a maioria de nós tem com nossa própria mente inconsciente. Podemos pensar que estamos "arrumando" mais dinheiro, um relacionamento feliz e saudável, paz com os membros da nossa família e sermos capazes de manter uma dieta saudável, mas, provavelmente, algo está se perdendo na tradução.

A PNL pode ajudá-lo a:
- Desenvolver planos realizáveis e executá-los;
- Melhorar a sua autoconfiança;
- Controlar seu "estado" interno para sentir como quer se sentir, especialmente em situações estressantes;
- Desenvolver relacionamento com outras pessoas;
- Comunicar-se de forma eficaz, um a um ou para o público;
- Entender situações sociais complexas e ser eficaz nelas;
- Ajudar outras pessoas.

O CÓDIGO DA REALIZAÇÃO

Como uma área do conhecimento, a PNL oferece muitas ferramentas para melhorar sua comunicação e seus relacionamentos. Vamos conhecê-la a seguir, assim você poderá melhorar suas habilidades com as pessoas no trabalho e na vida em geral, além de utilizar ferramentas para sua própria superação. Uma situação comum que pode existir em sua vida pode ter sido gerada por uma crença limitadora. Vamos ver como você pode superar, torço por isso!

Crenças limitadoras
Talvez em vários momentos de sua vida você tenha percebido que paralisou. Não conseguiu ir adiante quando se deparou com algo que logo o fez pensar: "aqui é meu limite". E você acredita fielmente que não pode ir em frente, assim como crê que existe a gravidade, mesmo sem ter tido um contato físico com esse fenômeno de atração do centro da Terra.

A crença limitante é uma força oculta dentro de você, intensa e simbolicamente poderosa. Mas sabia que você pode mudar esse conceito? Eu vou ajudá-lo!

Escreva uma crença sua. Algo que você não consegue realizar:

_____

_____

_____

_____

O que acredita ser o impedimento?

_____

_____

_____

_____

Sempre acreditou nisso? Mesmo quando tinha três meses?

Que experiências fizeram você acreditar nisso? Quando?

No que preferia acreditar em vez disso?

Sua crença começa a se tornar um objetivo! Parabéns! Reescreva seu objetivo:

O que você precisa fazer para isso acontecer? Qual o primeiro passo? Quando você vai dar esse passo?

O CÓDIGO DA REALIZAÇÃO

Lembre-se: quando damos o primeiro passo, é possível o segundo, o terceiro... E depois podemos participar de maratonas! Coloque em prática já! Lembre-se: você merece celebrar! Escreva como você vai se premiar com essa conquista:

_____

_____

_____

_____

Partiu... ação já!

Movimento dos olhos

O lado para o qual uma pessoa movimenta os olhos em uma conversa indica que tipo de discurso ela está formulando. Por exemplo, uma pessoa que olha para a esquerda está se relembrando de algo do passado e uma pessoa que olha para a direita está formulando algo em relação ao futuro. Em uma conversa, a direção do olhar pode ajudá-lo a prever o que a pessoa pretende dizer e assim conduzir melhor o assunto.

Sistemas representacionais

De acordo com a PNL, existem três sistemas representacionais que ditam a maneira como o indivíduo se comunica com o mundo. Cada pessoa tem um componente que pode ser mais desenvolvido que outro. Você pode identificar se os seus processos de registro ocorrem mais pelo âmbito visual, auditivo ou sinestésico. O canal predominante é aquele normalmente utilizado para pensar de forma consciente e organizar as experiências.

Visual: você memoriza ao ver as imagens, fica mais distraído aos sons e ruídos. Tem dificuldade de lembrar-se de longas instruções verbais e aprecia como os programas funcionam.

Auditivo: normalmente, todo ruído chama atenção e é facilmente distraído pelos sons. Você prefere aprender ouvindo. Gosta de música e de falar ao telefone. O tom de voz e as palavras usadas podem ser considerados muito importantes. **Cinestésico:** geralmente fala devagar e pausado, responde a recompensas físicas, ao toque e se mobiliza pelas emoções.

É interessante saber o modo como você processa a aprendizagem, pois isso resulta na administração do seu tempo. Reflita a respeito e, na sequência, confira algumas dicas para administrar o seu tempo.

Como organizar seu tempo

A organização do seu tempo é uma estratégia extremamente importante quando você deseja alcançar seus objetivos. Por isso, quero apresentar a tríade do tempo, uma fórmula excelente para organizar o seu tempo. A tríade é um conceito proposto por Christian Barbosa (2017); ela é composta por três esferas, que, juntas, constituem a forma como você se organiza.

De acordo com essa ferramenta, existem três categorias de tarefas:

As tarefas importantes: trazem resultados e são importantes para sua vida, fazendo diferença para você. São exemplos dessas tarefas: praticar atividade física, cuidar da saúde, passar mais tempo com as pessoas que você ama, orar, meditar, estudar, ler, sorrir, dedicar tempo para o projeto dos seus sonhos. São tarefas que dão sentido à vida.

As tarefas urgentes: precisam ser feitas naquele exato momento, geram estresse e consequências negativas, interrompem o seu dia, atrasando o que deve ser feito e podem até afastar pessoas. Algumas estratégias para acabar com

O CÓDIGO DA REALIZAÇÃO

esse tipo de tarefa incluem: planejar mais para diminuir as urgências, aprender a dizer não e delegar atividades.

As tarefas circunstanciais: elas desperdiçam seu tempo e não agregam valor, sendo resultado da situação de outras pessoas ou de seus antigos hábitos. Exemplos: reuniões desnecessárias, conversas fiadas, coisas que não fazem diferença na sua vida, *internet*, entre outros.

O ideal é que a esfera das tarefas importantes seja a maior de todas, seguida da esfera das tarefas urgentes e, depois, a das circunstanciais.

Dificuldade x habilidade
Você precisa encontrar um equilíbrio entre a dificuldade e sua habilidade para resolver alguma questão. Mas por que isso é importante? Bom, muita habilidade e pouca dificuldade gera o tédio. Muita dificuldade e pouca habilidade gera estresse. Já o mesmo nível dos dois (dificuldade = habilidade) leva à acomodação.

Esses três modos de relação entre dificuldade e habilidade são negativos. Positivo é:

> **Um pouco mais de dificuldade em relação à habilidade = desafio!**

A *Lei do Triunfo* de Napoleon Hill nos auxilia a alcançar resultados muito mais rapidamente.

A *Lei do Triunfo* nos ajuda a perceber quais são as chances de alcançarmos nossos objetivos de acordo com as ações que decidimos realizar. Veja a seguir:

- 10% de chance de ouvir;
- 25% de chance de decidir adotar uma ideia;

- 40% de chance de decidir quando realizar;
- 50% de chance de planejar como realizar;
- 65% de chance de comprometer-se com os outros;
- 95% de chance de estabelecer um compromisso de relatar os resultados para os outros.

Agora, pense bem, qual ação você gostaria de tomar para ter mais chances de alcançar os seus objetivos?

Você provavelmente abriu um leque de opções para buscar soluções em outras áreas de sua vida. Siga o fluxo para o seu aperfeiçoamento!

Vamos praticar?

Exercício 1 – *Coaching* em quatro passos

1) O que você quer? Quais são seus objetivos, valores, o que está ao seu alcance?

---

2) Como você pode conseguir isso? Quais são as alternativas de ação, o plano de ação?

O CÓDIGO DA REALIZAÇÃO

3) O que pode impedi-lo? Quais são os obstáculos?

_____

_____

_____

_____

4) Como você vai saber que conseguiu? Caso já tivesse conseguido, como seria?

_____

_____

_____

_____

> "Tornando-se um consciente criador de escolhas, você começa a gerar ações que são evolucionárias para você."
>
> Deepak Chopra

Exercício 2 – Oito fatores para o sucesso

Agora, você poderá completar o exercício com a lista dos oito fatores críticos para o seu sucesso.

1. Metas e objetivos claros
Quais são suas metas e objetivos? Eles estão claros?

_____

_____

_____

_____

2. Agenda realista para a realização de ações
Você montou uma agenda realista para realizar seus objetivos?

_____

_____

_____

_____

3. Suporte de um mentor, *coach* ou instrutor
Com este livro, você tem suporte como um mentor, *coaching* ou instrutor? Justifique.

_____

_____

_____

_____

4. Recursos adequados
Com este livro, você aprendeu recursos adequados para realizar os seus objetivos?

_____

_____

_____

_____

5. Compromisso do indivíduo
Você se compromete a seguir os passos do Código da Realização?

_____

_____

_____

_____

O CÓDIGO DA REALIZAÇÃO

6. Canais de comunicação
Quais são os canais de comunicação que você utilizará para colocar o método aqui proposto em ação? Será visual, auditivo ou sinestésico?

_____

_____

_____

_____

7. Monitoramento efetivo
Você deixou claro no seu plano de ação qual o método de monitoramento/indicador?

_____

_____

_____

_____

8. Lições de aprendizagem
Quais são as lições de aprendizagem que você teve com o Código da Realização?

_____

_____

_____

_____

Reflexão:

Escreva cinco frases para potencializar a sua autoconfiança!

1. _____

_____

2. _____

3. _____

4. _____

5. _____

Escreva um aprendizado adquirido com este capítulo:

_____

Escreva uma ação a ser tomada de acordo com o que aprendeu com este capítulo:

_____

Filme indicado: *Coach Carter – treino para a vida!*

CAPÍTULO 6
DESCUBRA A REAL MOTIVAÇÃO PARA AGIR

> Há sempre uma escolha a se fazer em tudo na vida. Portanto, tenha em mente que, no fim, a escolha que você faz determina quem você é.
>
> John Wooden

Depois de todos os conceitos e das práticas realizadas nos capítulos anteriores, agora você precisa descobrir a sua real motivação para agir. Qual o impulso interno que move você em direção a seu objetivo? Qual a força que o inspira e conduz pelo caminho desejado?

Para colocar o Código da Realização em prática você precisa: descobrir a sua motivação!

Quando estamos motivados, nosso trabalho é exaltado. Temos um senso de propósito, impulsionado pelo sentimento de que nossos talentos estão sendo bem aproveitados. Estamos fazendo o que deveríamos estar fazendo. Talvez um comentário negativo de seu chefe tenha esvaziado você e não esteja

O CÓDIGO DA REALIZAÇÃO

empolgado com determinada tarefa. A motivação pode ser frustrantemente fugaz e difícil de recuperar quando perdida. Mesmo que você tenha a sorte de ter um emprego que adora, é comum passar por longos períodos em que precisa mergulhar fundo para se sentir empolgado com seu trabalho. Eu treinei muitos executivos e eles diversas vezes lutam para entender o seu real motivo de agir: é a empresa? Ou um conjunto particular de circunstâncias? Ou são os funcionários?

Os psicólogos Todd Thrash e Andrew Elliot estudam a motivação há décadas. Eles identificaram três elementos que ocorrem quando nos motivamos:

1. Vemos novas possibilidades;
2. Somos receptivos a uma influência externa;
3. Sentimo-nos energizados e inspirados.

Felizmente, a motivação não é um estado mental estático, mas um processo que podemos cultivar. Embora não possamos nos forçar a nos inspirar, podemos criar um ambiente propício à motivação.

Por isso, não espere a positividade para se motivar. Quando você não está se sentindo motivado, é normal sentir-se preso, mas não fazer nada é um erro nesse processo. A motivação não acontece apenas quando estamos em nossas mesas retornando e-*mails*. O campo da terapia cognitivo-comportamental mostra que nosso comportamento afeta a maneira como pensamos e sentimos. Quando fazemos coisas diferentes, experienciamos sentimentos diferentes.

Não espere para agir apenas quando tiver muita motivação. Primeiro aja. Entenda que qualquer movimento que você fizer abrirá novas possibilidades e revelará emoções que você ainda não consegue ver. E lembre-se: muitas vezes você tem mais controle sobre seu ambiente de trabalho do que normalmente pensa.

Além disso, é muito importante desenvolver uma rotina de inspiração. Quando você se destaca em seu campo, é natural sair do modo de aprendizagem. Mas os pesquisadores descobriram que, quando as pessoas acreditam que são especialistas, elas se tornam mais atentas, um conceito denominado dogmatismo conquistado. É mais provável que recebamos e permaneçamos inspirados quando temos novas experiências e informações que podem acionar novos pensamentos.

Há muitas maneiras de buscar motivação, alguns exemplos são: fazer uma aula, ler um livro, participar de reuniões profissionais, viajar. É melhor escolher uma que funcione para você e estruturar seu tempo para integrar essas ações à sua rotina. Você pode se comprometer a viajar uma vez a cada seis meses ou levar algumas horas todas as manhãs de sexta-feira para ler artigos e livros ou definir uma meta para conhecer três novas pessoas em seu bairro a cada trimestre. Bill Gates era conhecido por ter uma semana de raciocínio duas vezes por ano: passava semanas inteiras longe de seu escritório, lendo e mapeando novas ideias. Para a maioria dos profissionais, isso não é possível, mas dedicar algumas horas por semana a atividades de expansão de perspectiva ajudará você a se manter engajado e interessado.

Outro ponto muito importante para a motivação é encontrar novos amigos. As pessoas com quem passamos o tempo afetam nossa energia e nosso humor. Elas também tendem a reforçar nossas crenças. Podemos facilmente entrar em uma situação em que falamos com

O CÓDIGO DA REALIZAÇÃO

as mesmas pessoas sobre tópicos semelhantes, semana após semana. Assim, saia e conheça novas pessoas. Faça um esforço conjunto para encontrar parceiros de pensamento e guias que estejam fazendo coisas diferentes de você. Novos parceiros são inspiradores porque nos permitem aprender indiretamente por meio de suas experiências. Eles estimulam novas ideias e fornecem um vislumbre do futuro. Ter modelos que estão alguns anos ou níveis à sua frente pode ajudá-lo a repensar sua própria situação e o que é possível para você mesmo. Faça uma lista de pessoas que têm qualidades que você admira. Você não precisa estabelecer um relacionamento formal com seu modelo. É bom observar e aprender com elas de longe; nem precisam saber que estão cumprindo essa função.

Estreite suas escolhas. Às vezes falta a você motivação por não ter a certeza do que fazer: ficar em um emprego, trocar de carreira, experimentar uma nova vida profissional, mudar de departamento, pedir uma promoção. Muitas opções são paralisantes. Muitas vezes, você se sente oprimido e não consegue fazer nada.

É possível aumentar sua motivação diminuindo as opções, tornando mais fácil agir sobre elas. Nós gostamos de saber que temos um plano e estamos trabalhando para isso. Se você se sentir emperrado, tente anotar todas as suas opções e selecionar as três mais animadas em ordem. Em seguida, organize tempo para trabalhar em direção às suas melhores escolhas.

Estas não são apenas ações a serem tomadas quando você está perdido, sem motivação para agir. É importante fazer isso mesmo quando estiver se sentindo inspirado, para que possa continuar assim.

O grande segredo de Jonas Salk não era se tornar o mais importante do laboratório para que pudesse ser qualificado para um benefício. Ele fixou-se em derrotar a poliomielite.

Tom Hopkins

Muitos especialistas na área tentaram simplificar o que realmente nos motiva e criaram esta lista com quatro grandes áreas: dinheiro, segurança, aprendizado e aprovação social. Porém gosto sempre de reforçar que a motivação para agir é algo particular, intrínseco a cada um, sendo assim, encontre a sua motivação! Além disso, você também precisa compreender seus talentos e determinar quais ainda precisa adquirir. Pense bem, quais são seus talentos? No que você ainda precisa melhorar? Veja a seguir uma lista de talentos que podem guiá-lo para o sucesso e para que você alcance uma vida equilibrada. Se quiser, pode completar a lista com outros que você tenha ou deseja ter:

1 – **Artístico**
2 – **Esportivo**
3 – **Espacial**
4 – **Linguístico**
5 – **Empreendedor**
6 – **Criativo**
7 – **Lógico**
8 – **Intuitivo**

_____

_____

_____

O CÓDIGO DA REALIZAÇÃO

Além disso, também existem atitudes que podem motivá-lo ou desmotivá-lo. Preste muita atenção e tente se tornar consciente do seu comportamento no dia a dia para não permitir que algo negativo tire você do caminho da realização.

Atitudes motivadoras

1 – Disposição: é ato ou efeito de se dispor a fazer algo, atingir objetivos, buscar o melhor na sua vida, trabalhar, produzir.

2 – Pontualidade: é a qualidade ou condição de ser pontual, de cumprir horários, de assumir compromissos.

3 – Proatividade: é o comportamento de antecipação. Por exemplo, se responsabilizar pelas próprias escolhas e ações frente a situações impostas pelo meio.

4 – Resiliência: é a capacidade de se recuperar facilmente ou se adaptar a situações ou a mudanças.

Atitudes desmotivadoras ou limitantes

1 – **Procrastinação:** é ato ou efeito de adiar; demorando ou delongando a realização de uma tarefa.

2 – **Resistência:** nesse caso é o ato ou efeito de resistir às mudanças, a novos pensamentos e ideias, mantendo-se em um mundo sem ação ou sem bons resultados.

3 – **Pessimismo:** é a tendência de ver e julgar as coisas pelo lado mais desfavorável; disposição de quem sempre espera pelo pior.

4 – **Descompromisso:** é o ato ou efeito de não se comprometer, negando a verdade ou evitando cumprir aquilo que foi proposto para si ou para os outros.

5 – Insegurança: nesse caso é principalmente falta de confiança em si mesmo, em suas próprias qualidades ou capacidades.

Vamos refletir um pouco...
Escreva a seguir mais atitudes que podem ajudá-lo no caminho da realização!

_____

_____

_____

_____

Encontrando motivação

Se você está se sentindo preso ou sem motivação, essas ideias podem ajudá-lo a encontrar inspiração:

Encontre motivação na natureza

1. Dê um passeio na natureza, pratique a atenção plena e perca a noção do tempo por um momento.
2. Medite ou pratique ioga em um parque próximo.
3. Assista a crianças brincando no parque, em seguida, faça disso uma memória para elevar seu espírito durante todo o dia.
4. Observe seu gato ou cachorro na natureza e tente imitar a atenção e a diversão de seu animal de estimação.
5. Pegue seu celular e fotografe tudo o que parecer bonito para você.

O CÓDIGO DA REALIZAÇÃO

6. Pratique a respiração profunda enquanto ouve os sons da natureza.
7. Desenhe ou pinte uma cena fora de sua janela.
8. Assista a documentários como Planeta Terra para vislumbrar a beleza dos oceanos, florestas, selvas, grandes planícies e cavernas.
9. Busque fotos da natureza on-line.
10. Passe algum tempo contemplando a arte baseada na natureza.

Encontre motivação na web

11. Assista a um vídeo do TED para aprender ideias inspiradoras.
12. Procure por *tweets* com a *hashtag #inspiration* usando a funcionalidade de pesquisa do Twitter.
13. Publique um vídeo inspirador, como o *The tutu project,* uma organização sem fins lucrativos que fornece apoio financeiro e emocional para pacientes com câncer de mama. Ou então, seja uma parte ativa da conversa nos comentários.
14. Leia *blogs* escritos por pessoas que superaram adversidades.
15. Participe de um fórum de pessoas que podem se relacionar com seus desafios.
16. Navegue por citações motivadoras.
17. Compartilhe um pouco de você, de maneira autêntica, em um *post* nas redes sociais ou *blog.*
18. Aprenda maneiras de mudar o mundo por meio das mídias sociais.
19. Assista 40 discursos inspirados em dois minutos.
20. Procure no Facebook por novas páginas inspiradoras para seguir.

WAGNER MOTA

Encontre motivação em possibilidades

21. Tente algo que você sempre assumiu que não pode fazer, mas secretamente queria tentar.

22. Ensine alguém a fazer alguma coisa e aproveite seu potencial como líder.

23. Mergulhe na meta de aprender algo novo e permita-se esquecer das limitações do tempo.

24. Escreva uma lista de tarefas que você gostaria de fazer em sua vida.

25. Crie um quadro de visão com fotos de todas essas tarefas.

26. Tenha um momento de muitos pensamentos criativos inventando ideias para um novo projeto.

27. Pense nos desafios que você enfrenta e identifique possíveis soluções.

28. Se for o caso, envie seu currículo para um trabalho dos sonhos, em vez de assumir que você não pode obtê-lo.

29. Participe de uma conferência ou retiro para se conectar com pessoas que pensam como você.

30. Leia livros que ensinem maneiras de abrir seu mundo para novas possibilidades e escolha uma para experimentar hoje.

Encontre inspiração em pessoas

31. Pergunte a alguém que você ame o que ele considera ser a coisa mais importante que já aprendeu.

32. Pergunte a todos que você vir hoje pelo que são gratos.

33. Peça a alguém que fale sobre o que mais ama na vida e observe como ele se ilumina compartilhando sua paixão.

O CÓDIGO DA REALIZAÇÃO

34. Peça a seus pais que lhe digam como você era quando criança e lembre-se do que importava para você.
35. Observe o que é importante para alguém e concentre-se unicamente em como ele experimenta isso.
36. Junte-se a uma organização de pessoas que faz diferença positiva no mundo.
37. Leia uma autobiografia de alguém que mudou o mundo.
38. Ouça a música que o move e pense sobre o que o compositor sentiu quando a escreveu.
39. Faça uma lista de todos os motivos pelos quais seus amigos e familiares são seus heróis. A probabilidade é de que já exista muita inspiração à sua volta.
40. Passe tempo com as crianças e veja o mundo por meio de seus olhos.

Encontre inspiração em si mesmo

41. Desconecte-se por um tempo e escreva em um diário.
42. Faça de hoje o dia em que você abraçará um novo hábito saudável que pode mudar sua vida para melhor.
43. Dê a si mesmo um dia livre de pressão sem nada para fazer, exceto as coisas das quais gosta.
44. Tente algo novo e se divirta com a sensação de se estender além da sua zona de conforto.
45. Expresse-se criativamente de uma maneira que nunca fez antes, esculpindo, por exemplo, e veja o que vem em sua mente e coração.
46. Desfrute de algo que você criou no passado — uma postagem no *blog*, um vídeo, um desenho ou um projeto.
47. Cante no chuveiro. Coloque seu coração e libere seus sentimentos por meio da música.

48. Reconheça em si mesmo os pontos fortes que você vê nas outras pessoas.

49. Tome uma decisão consciente de deixar algo que não lhe serve.

50. Reflita sobre tudo o que você aprendeu, realizou e como fez uma diferença positiva no mundo.

E agora responda: o que o motivou hoje?

_____

_____

_____

_____

Reflexão:

Escreva cinco frases para potencializar sua autoconfiança!

1. _____

_____

2. _____

_____

3. _____

_____

4. _____

_____

5. _____

_____

O CÓDIGO DA REALIZAÇÃO

Qual palavra o define?

_____

_____

_____

Qual é sua principal motivação para agir e se preparar para o novo mercado de trabalho?

_____

_____

_____

_____

Quais atitudes motivadoras você fortalecerá para agir e ter sucesso no novo mercado de trabalho?

_____

_____

_____

_____

Quais são seus principais talentos e quais ainda precisa adquirir?

_____

_____

_____

_____

Escreva um aprendizado adquirido com este capítulo:

_____

_____

_____

_____

Escreva uma ação a ser tomada de acordo com o aprendizado adquirido com este capítulo:

Filme indicado: Mãos talentosas – A história de Bem Carlson.

Eu sou líder, e agora, como motivar?

Se você é um líder e precisa lidar com muitos colaboradores ou um grande público, você também precisa estar preparado para motivar as pessoas. Líderes eficazes devem escolher a tática certa para a missão certa, não importa se é a sala de reuniões ou o campo de batalha. Aqui estão oito diretrizes de liderança para motivar pessoas:

1. Concentre-se nos relacionamentos. Uma das primeiras citações que ouvi ao entrar em minha carreira atual foi: "Ninguém se importa com o quanto você sabe até que saibam o quanto você se importa". Por isso, foque nos relacionamentos, conheça as pessoas de sua equipe e use as ferramentas de tipos de temperamento apresentadas neste livro.

2. Abandone o ego. Se você realmente quer influenciar as pessoas, deixe suas ações falarem por si mesmas. O ego só atrapalhará todo o processo. Se você é tão bom em alguma coisa, não precisa contar a ninguém, porque você já sabe disso e as pessoas perceberão em suas ações e decisões.

3. Identifique a vitória. Quando você sabe que é o vencedor (ou seja, está no estado final), tudo o que você precisa fazer é seguir para chegar lá. Para realizar o máximo potencial e minimizar o desperdício de esforços, identifique

O CÓDIGO DA REALIZAÇÃO

exatamente o que você está buscando e garanta que seus funcionários também o façam. Redundâncias surgem quando a comunicação falha. **4. Liberte seus colaboradores.** Abra as portas da autonomia humana e deixe os talentos deles florescerem. As pessoas querem fazer bem e ter sucesso, mas o que muitas vezes sufoca a oportunidade é o processo. Dê às pessoas uma direção, uma linha do tempo e a autoridade para agir. **5. Ouça ativamente.** Existem dois tipos de ouvintes: aqueles que buscam entender e aqueles que buscam ser compreendidos. Os primeiros ignoram seus próprios preconceitos, enquanto esperam pacientemente para entender o ponto de vista do outro. Os últimos esperam nervosamente que você pare de falar para que possam conversar. **6. Limite seu entusiasmo.** Pessoas excessivamente entusiasmadas, positivas, deprimidas ou negativas tendem a servir como granadas sociais e é por isso que a inteligência emocional é tão importante. Ela é a capacidade de interpretar as emoções tanto em si mesmo como nos outros e consiste em quatro partes: autoconsciência, consciência social, autogestão e gestão de relacionamento. Curvar seu entusiasmo se encaixa nos quatro pontos, porque ninguém quer ficar perto de uma granada quando o pino é puxado. **7. Construa sua resiliência.** Mostrar o quanto você pode lidar com objeções/desafios – física, mental e emocionalmente – pode ser inspirador para os outros. Todo mundo gosta de ouvir histórias do pai que levantou um carro para salvar uma criança, ou as histórias de sucesso incomuns. Quando você faz mais, você se torna maior. **8. Cuide de você.** Se quer motivar outras pessoas, é importante também se concentrar em você. Especificamente, em suas ações. Mantenha o foco para praticar pelo menos um dos itens anteriores todos os dias e você ficará surpreso com a motivação que gerará em outras pessoas.

CAPÍTULO 7

CELEBRE

Você já percorreu um longo caminho até aqui e eu dividi com você muitas informações importantes sobre como ter sucesso no novo mercado de trabalho. Agora, neste capítulo, você descobrirá outra atitude importante para uma vida equilibrada: a celebração! Reconhecer e celebrar algo que realizamos depois de ter trabalhado duro por vários dias consecutivos aumenta nossa motivação. Isso simplesmente nos faz sentir bem. O valor de celebrar essas pequenas vitórias e conquistas que fazem parte do nosso cotidiano tem sido demonstrado em diversas pesquisas da área.

Por isso, incentivo-o a encontrar uma maneira de se recompensar durante todo o seu trabalho. Essa é uma maneira que o motivará e facilitará o estabelecimento de novos hábitos para melhorar a sua *performance*.

Pode ser difícil saber com o que devemos nos recompensar. Por um lado, a realização de algo dá uma sensação de recompensa em si, mas se fôssemos celebrar e enfatizar nosso progresso, como poderíamos fazer isso? Qual é a melhor estratégia?

Pesquisando um pouco sobre o assunto, encontrei o que algumas pessoas altamente bem-sucedidas fazem para

O CÓDIGO DA REALIZAÇÃO

comemorar as pequenas vitórias em suas vidas cotidianas, como elas celebram esses momentos. E a seguir estão algumas dessas respostas:

— "Eu compro presentes pra mim";
— "Eu digo obrigado quando eu acordo e antes de dormir";
— "Eu peço um expresso duplo em um café agradável";
— "Eu tenho um bom jantar em um excelente restaurante";
— "Eu vou para o SPA";
— "Eu coleciono momentos perfeitos no Google Docs";
— "Eu sempre mantenho uma garrafa de espumante na geladeira";
— "Eu convido um amigo para um café e nós celebramos juntos, já que a alegria compartilhada é o dobro da alegria";
— "Eu preparei um e-*mail* que envio para mim mesmo todos os dias e acrescento aquilo por que sou grato, o que significa que todos os dias me envio a versão de hoje desta lista acrescentando as novas conquistas";
— "Eu apenas mantenho o pensamento do que acabei de realizar em minha mente por um minuto ou dois e desfruto da grande sensação que tenho";
— "Eu faço uma pausa, olho para o teto por alguns minutos e só descanso";
— "Eu digo a um colega que sei que ficaria feliz por mim sobre o meu sucesso e aproveito o encorajamento e apoio que recebo".

Como essas sugestões soam para você? Você também faria alguns dos itens anteriores? Pense um pouco e responda mentalmente, eu ainda tenho mais informações para dividir com você sobre o ato de celebrar!

Tente refletir sobre o seguinte: você está envolvido em um desafio que pode celebrar depois de concluído? Algo que possa realizar nas próximas semanas? Precisa ser algo um pouco desafiador, para que você tenha que se esforçar de alguma forma e para que realmente pareça uma vitória depois de feito. Sugiro que você use as dicas deste livro! Agora escolha como você vai comemorar depois de cruzar a linha de chegada. Pode ser uma das formas mencionadas anteriormente, ou algo completamente diferente. Se você precisa fazer ou comprar algo para comemorar quando chegar a hora, adicione-o à sua lista de tarefas.

Se você celebrar as pequenas vitórias e conquistas em sua vida cotidiana com frequência, poderá desfrutar da doce sensação de progresso de uma maneira mais tangível. Dessa forma, sua motivação aumentará e se tornará mais fácil completar as próximas fases, já que agora você enfrenta novos desafios com mais entusiasmo e motivação.

É absolutamente emocionante pensar nos grandes objetivos e sonhos que você deseja alcançar na vida, mas há um problema: grandes metas e grandes sonhos às vezes estão muito distantes.

Imagine que você precise se esforçar por semanas, meses e até anos para ver os resultados que deseja. Como você se sente? Desanimado? Triste? Desestimulado? É por isso que devemos aprender a celebrar pequenas vitórias.

Quando falamos sobre estabelecer metas, alcançar o que queremos e ter uma vida bem-sucedida, estamos nos referindo a um futuro distante. É ótimo ter metas e sonhos. O único problema é quando ficamos focados apenas no futuro e não vivemos o agora, o presente.

O CÓDIGO DA REALIZAÇÃO

Como resultado, isso geralmente cria uma discrepância entre o que queremos e a vida que estamos vivendo. Imagine que seu objetivo seja perder oito quilos em três meses. Você se compromete a frequentar a academia e a treinar cinco dias por semana e você também tem uma dieta adequada para comer mais vegetais e frutas. Após a primeira semana, você perdeu algum peso, digamos, cerca de 800 gramas. Você se sente bem e continua com seu plano na segunda semana. Após a segunda semana, você está na balança e descobre que, dessa vez, só perdeu 300 gramas.

Como resultado, você se sente um pouco desanimado e começa a perder motivação. Na terceira semana, há uma festa de comemoração de aniversário e você come muito nela. No dia seguinte, você sente falta de energia e não está bem, portanto, você falta à academia.

No final da terceira semana, o seu peso permanece o mesmo. Você não está perdendo ou ganhando nenhum peso. Você está totalmente sem motivação para se exercitar porque é muito cansativo e está se sentindo exausto. Você decide colocar um ponto final ao seu objetivo e desiste.

Parece familiar para você? Eu acredito que isso já aconteceu pelo menos uma vez com cada um de nós, de maneiras diferentes e com objetivos distintos.

As pessoas perdem a motivação e desistem rapidamente quando não comemoram pequenas vitórias. Quando agimos e alcançamos resultados, nos sentimos bem e temos a necessidade de celebrar; isso gera mais ações e, portanto, mais resultados. Por outro lado, quando agimos e alcançamos resultados, mas não comemoramos e não geramos nenhum sentimento bom em relação àquela pequena ou grande vitória, nos sentimos desmotivados, o que leva a menos ações e, portanto, menos resultados.

Considere como o sucesso funciona

Ação
∨
Resultado
∨
Celebrar
∨
Sentir-se bem
∨
Mais ação
∨
Mais resultado

Como não funciona

Ação
∨
Resultado
∨
Nenhuma comemoração
∨
Nenhum sentimento bom
∨
Menos ação
∨
Menos resultado

Você consegue ver como o sucesso funciona aqui? A chave é fazer com que você se sinta bem com seu progresso. Por isso que celebrar pequenas vitórias é importante em sua jornada para o sucesso e a realização.

O CÓDIGO DA REALIZAÇÃO

Sim, você pode falhar e cometer erros e não obter o sucesso que deseja, mas o que precisa fazer é celebrar seu progresso. Enquanto estiver progredindo e avançando, deve celebrar porque você se esforçou. Teresa M. Amabile, da Harvard Business School, realizou um estudo chamado de O princípio do progresso (2011), no qual analisou quase 12 mil registros de 238 funcionários em sete empresas, e encontrou algo interessante. Teresa revelou que o esforço de acompanhar pequenas vitórias a cada dia aumenta a motivação dos funcionários. Ela então explicou que, quando registramos nosso progresso e apreciamos mais nossas pequenas vitórias, aumentamos nossa confiança. E podemos aproveitar essa celebração para construir um sucesso maior no futuro.

Quando celebramos nossas vitórias, nosso cérebro libera dopamina, que nos energiza, nos faz sentir bem e nos deixa mais motivados e confiantes. Este processo se inicia quando recebemos um estímulo que nos incita a realizar algo já vivenciado no passado e que nos proporcionou prazer e satisfação. Existem emoções que despertam e nos atraem para realizar essa ação. Nesse momento aparece a dopamina, de modo que já podemos sentir a emoção da ação propriamente dita.

Depois esta motivação nos impulsiona para tornar realidade o objetivo maior. Quando passamos à ação, liberamos as substâncias adrenalina e noradrenalina, que colocam o organismo para funcionar com o objetivo de realizá-la. Completada a ação, o circuito da recompensa finaliza, com uma sensação de prazer. Chegado este ponto, surge a serotonina, que está relacionada ao estado de ânimo e com o desejo de experimentar a sensação novamente. Portanto, temos tendência a repetições das experiências prazerosas.

Doze grandes maneiras de celebrar suas pequenas vitórias

Agora que você entende como o sucesso funciona, celebre seu progresso! Se você não tem ideia de como comemorar seus ganhos, abaixo estão 12 ótimas maneiras de como celebrar suas pequenas vitórias.

1. Reconheça seu progresso

A primeira e mais importante atitude que você precisa tomar para comemorar seu progresso é reconhecê-lo. Se você não identifica sua dedicação e esforço, não está se sentindo bem com seu trabalho árduo, nada do que fizer contribuirá para você se sentir feliz. Reconhecer seu progresso requer uma mudança em seu pensamento. Você precisa mudar sua mentalidade para se sentir bem com toda a ação que tomou.

Está tudo bem se você deixar de produzir os resultados desejados ou se cometer erros. Enquanto estiver fazendo algo para progredir, deve estar orgulhoso e se sentir feliz com isso. É importante reconhecer seu progresso e tratar seus fracassos como lições.

Lembre-se: o sucesso é sobre o progresso. Enquanto você estiver avançando e progredindo, deve celebrar porque está se aproximando um pouco mais dos seus sonhos.

2. Anote suas vitórias

Quando você escreve algo, se lembra melhor. É por isso que as pessoas usam um planejador de ações para serem produtivas. Pessoas altamente bem-sucedidas sempre levam consigo uma caderneta e anotam todas as ideias que lhe ocorrerem aleatoriamente. Eu, por exemplo, escrevo minhas ideias em um pequeno caderno e as reviso algumas vezes por dia. Isso me ajuda a lembrar do que preciso fazer. Outra boa razão para anotar suas vitórias e progressos é, sempre que estiver se sentindo para baixo, olhar para suas realizações. Ao refletir sobre suas conquistas, você recupera aquela sensação boa e assim está pronto novamente para enfrentar o mundo.

Por isso, tenha um caderno de anotações e registre seu progresso e tudo relacionado para alcançar o sucesso que você quer na vida, incluindo suas pequenas vitórias, o que realizou hoje e os passos para o sucesso no novo mercado de trabalho. Recomendo fortemente que crie, por meio deste livro, seu plano de ação.

3. Compre um pequeno presente para você

Uma ótima maneira de se recompensar é ganhar um presente. Claro, se você está fazendo um pequeno progresso, pode dar um pequeno presente para si mesmo. E se você está fazendo um grande progresso, providencie um presente melhor.

Presentes podem ser um ótimo complemento para sua celebração. Que tal uma camiseta, um cartão de presente ou outra coisa? Lembre-se de certificar-se de que o valor do presente é congruente com o ponto de progresso. Então, o que você gosta de ter como presente para o seu trabalho duro? Pode ser qualquer coisa que você goste, não precisa ser caro. Que presentes você amaria ter? Use isso como recompensa para celebrar suas vitórias e seu progresso.

4. Comida, lanche e café

O sucesso é ser consistente e trabalhar nas tarefas importantes, que levam você aos seus objetivos, todos os dias.

Uma ótima maneira de manter a motivação é celebrar nosso progresso diário.

Por exemplo, se o seu objetivo é escrever mil palavras por dia, encontre uma maneira de se recompensar depois de ter se dedicado ao trabalho duro. Eu, por exemplo, não espero até terminar minha tarefa de escrever para me recompensar. Em vez disso, eu escolho aproveitar minha recompensa enquanto escrevo meus textos. Todas as manhãs, faço uma xícara da minha bebida favorita, café. Em seguida, vou me sentar e começo a escrever. Quando eu termino o café, quase alcancei as duas mil palavras, que é minha meta de escrita diária.

Este é apenas um dos exemplos de pessoas que estão trabalhando em casa para comemorar seu progresso. Você não precisa se presentear com café como eu. Pode ser qualquer coisa simples, como chá, lanche saudável, uma barra de cereais, um pequeno pedaço de chocolate, dentre outros.

5. Envolva os outros

Outra boa maneira de celebrar seus ganhos é envolver os demais. Escolha pessoas que apoiam e se preocupam com você e compartilhe com elas suas vitórias.

Quando compartilha suas pequenas realizações com pessoas que se preocupam com você e que irão apoiá-lo, elas também se sentirão felizes e irão encorajá-lo a ir mais longe.

Além disso, faz com que se sinta mais responsável. Funciona exatamente como fazer um compromisso público. Quando você anuncia e compartilha seus objetivos com outra pessoa, está se colocando na linha. Assim, sua reputação está em jogo e você se sente comprometido a agir e progredir. Descubra com quem você pode compartilhar o seu progresso.

6. Transforme sua celebração em um evento

Faça da sua comemoração um evento e realmente aproveite o seu progresso. Claro, você não pode querer ter um evento de comemoração todos os dias, mas definitivamente pode tê-lo uma vez a cada trimestre ou semestre. Você já participou de uma festa de aniversário ou de um jantar anual da empresa? Pode funcionar da mesma maneira.

Talvez, se não houver muitas partes envolvidas, você pode fazer algo em pequena escala, como ter um jantar mensal em conjunto para compartilhar com todos o resultado de seu trabalho árduo; mesmo se você for um empreendedor e trabalhar sozinho, ainda poderá criar um evento particular para si mesmo.

Tomar uma xícara de sua bebida favorita e curtir uma tarde de domingo no Starbucks enquanto reflete sobre seu progresso parece divertido, não é? A chave é tornar sua comemoração mais oficial, mesmo que você esteja sozinho.

Além disso, transformar sua celebração em um evento, seja ele parecido com uma festa, ou apenas uma tarde em um café, torna a vida mais agradável. Às vezes, você não precisa ser tão sério e engajado a ponto de se estressar tanto. A vida deve ser significativa, não estressante. Portanto, dê a si mesmo uma pausa de vez em quando. Aproveite e comemore suas vitórias, meu querido leitor!

7. Ore ou medite, reflita, agradeça

Sim, orar, refletir, agradecer ajuda. Imagine alguém que ora a Deus ou à força maior em que acredita: "Obrigado por me dar a energia para terminar o meu livro hoje. Estou feliz e grato por poder realizar essa tarefa. E sei que, com a sua ajuda, só posso melhorar e produzir resultados ainda mais satisfatórios no futuro".

WAGNER MOTA

Muitos estudos descobriram que orar é uma das melhores maneiras de alcançar maior sucesso na vida. Quando oramos, condicionamos pensamentos bons e positivos em nossa mente. Se você não gosta da ideia de orar, apenas aceite isso como um exercício de gratidão. Aprecie e seja grato por seu esforço. Seja grato porque você é capaz de realizar suas tarefas, progredir e avançar. Quando você ora ou se sente grato, está criando um estado de calma em sua mente: sente-se mais tranquilo, feliz e seu nível de confiança aumentará. Como resultado, você tomará mais ações para alcançar seu sucesso.

8. Desenvolva seus próprios movimentos de poder
Nos esportes, muitas vezes vemos atletas profissionais mostrando seus movimentos de poder (comemoração) durante o jogo ou quando eles pontuam com sucesso. Os movimentos de poder são um método de celebração muito comum para atletas profissionais, e isso também pode ser usado por você em seu dia a dia.

Os movimentos de energia e poder também podem ser usados como uma âncora para colocá-lo em seu estado de pico para que você possa realizar o seu melhor. Assim, desenvolva seu próprio poder hoje. Toda vez que você fizer um progresso, repita seus movimentos de poder. Faça desse movimento sua marca registrada.

9. Faça algo que você ama e aproveite
Eu preciso explicar mais sobre isso? Bem, quer comemorar seu progresso? Basta fazer algo que você ama e aproveitar. É simples: ler um bom livro, praticar esportes, tomar um bom vinho, assistir a um filme, dentre outros. Faça o que quiser, apenas certifique-se de que a recompensa é algo que você espera.

O CÓDIGO DA REALIZAÇÃO

Quando você olha para frente e visualiza algo de que gosta, esse pensamento melhora seu nível de energia e motivação. Por exemplo, fazer uma pausa ou passar férias pode despertar sua criatividade e inspirá-lo. Você sabia que a ideia do Instagram nasceu durante as férias? Eu acredito que todos nós sabemos sobre os benefícios das férias, mas estamos realizando nossos sonhos de férias? As férias não precisam custar-lhe um braço ou uma perna. Se estiver com orçamento apertado, você pode optar por uma viagem local como uma escapadela curta. Caminhar, pescar e aproximar-se da natureza é uma ótima maneira de se recarregar e aliviar o estresse. Se você gosta de viajar, tente organizar uma viagem ao exterior pelo menos uma vez por ano, como forma de comemoração por alcançar seus objetivos.

10. Tire um tempo ou um dia de folga

Sim, você deve tirar um dia de folga de vez em quando. Assim como o conceito de férias, tirar um dia de folga pode ser igualmente benéfico e você não precisa sair de sua casa ou local de trabalho. Apenas tire um tempo e faça outra coisa. É claro que você pode optar por fazer coisas que adora ou ler um livro sobre negócios para alavancar mais sua empresa, mas a melhor maneira é se distanciar completamente do trabalho.

Quando você não está se engajando em seus objetivos, libera sua mente para se concentrar em outras coisas. Isso aumentará sua criatividade e permitirá que se concentre melhor quando voltar ao trabalho.

Um dos principais benefícios de se tirar uma folga é o momento "eureka". Quando eu estava na aula de Física, estudei a Lei da Flutuação criada pelo famoso cientista Arquimedes. Lembro-me de como ele descobriu esse princípio.

Foi confrontado com uma missão para resolver um problema difícil e estava ocupado pensando nisso, dia após dia. Até que num dado momento, quando estava tomando banho, notou que a água derramou, depois que entrou na banheira. Instantaneamente, uma ideia surgiu e foi o seu momento "ahá". Arquimedes então pulou da banheira e correu direto para a rua, gritando: "Eureka!".

É uma história interessante saber sobre a descoberta de um princípio de mudança de vida enquanto tomava banho. Portanto, você não precisa se apressar nas coisas. Nós apenas não podemos forçar os resultados para que venham. Eles vão acontecer no momento certo e no lugar certo. Então tire uma folga e descanse sua mente. Permita-se relaxar e descobrir novidades. A propósito, não é uma ótima ideia comemorar seu progresso tirando um tempo ou um dia de folga?

11. Compartilhe suas vitórias

Isso pode soar como se gabar, mas, confie em mim, se você fizer da maneira certa, será um engajamento de celebração e também uma boa maneira de se condicionar para um sucesso maior no futuro.

Acredito que você já ouviu falar de pais que lhe contaram as conquistas de seus filhos e têm orgulho deles. Quando anuncia suas vitórias e compartilha seu progresso com outras pessoas, você se sentirá orgulhoso e também se tornará mais comprometido, porque está colocando sua reputação em risco.

Imagine se você publicar um *post* e ele se tornar viral. O artigo é compartilhado por mais de 10 mil pessoas e você está animado. Você também compartilha a história e conta aos outros sobre isso. Agora, adivinhe o que você fará em seguida? Vai colocar mais trabalho duro para produzir artigos melhores que você acha que se tornarão virais.

O CÓDIGO DA REALIZAÇÃO

Meu amigo leitor, sucesso gera sucesso! Quando você alcança seus objetivos, sente-se bem, compartilha as boas notícias com as pessoas que o apoiam e, em seguida, trabalha mais para obter resultados ainda melhores. É por isso que você precisa celebrar suas vitórias, não importa quão pequenas elas sejam, e analisar se você teve sucesso ou fracassou. Enquanto progride, você deve celebrar.

12. O conceito de recompensa relevante
É muito importante lembrar que, ao celebrar, sua recompensa deve sempre cultivar e fortalecer um hábito positivo. Por exemplo, se você gosta de correr e se comprometeu com o sucesso, de acordo com seu plano por um mês consecutivo, pode se recompensar comprando um par de tênis novos para corrida. Essa recompensa não só fará você se sentir bem, como também o tênis (a recompensa) o motivará a correr ainda mais. A recompensa reforça o hábito de correr.

Se você quer ser um escritor de sucesso, precisa criar o hábito de escrever todos os dias. A maioria dos escritores se comprometerá a escrever pelo menos mil palavras por dia. A chave, então, é tornar hábito o ato de escrever. Você pode fortalecer esse hábito dando-se uma recompensa relevante.

Se você seguiu seu plano e não perdeu um dia de escrever mil palavras, no final do mês, recompense-se com algo que o ajude a escrever, como uma confortável cadeira ergonômica ou um fone de ouvido de boa qualidade para que possa ouvir sua música favorita enquanto escreve. Eu acredito que essa é uma maneira melhor de usar recompensas. É verdade que devemos celebrar nosso progresso e todas as nossas vitórias, mas também podemos fazê-lo de formas que potencializem o processo.

E, por fim, eu reforço:
Meu amigo leitor, lembre-se do ciclo de sucesso. Quanto mais você comemorar suas vitórias, mais vitórias você terá. Então, vamos celebrar!

Reflexão:

Escreva cinco frases para potencializar sua autoconfiança!

1. _____

_____

2. _____

_____

3. _____

_____

4. _____

_____

5. _____

_____

Escreva uma mensagem de celebração para quando você atingir seus objetivos:

_____

_____

_____

_____

CAPÍTULO 8
SUA GESTÃO DA PRODUTIVIDADE

Produtividade é uma das ações essenciais para seu sucesso no mundo dos negócios. Talvez sua maior queixa esteja relacionada a uma constante busca de soluções para esse cenário infinito de problemas em gestão. É o que mais se constata no mundo corporativo, sendo a maior manifestação dos empresários.

Pela sua experiência, você pode perceber a falta de produtividade quando os resultados empresariais não estão de acordo com a meta de sua organização. Dentro dessa conjuntura, analise e reflita em qual destas consequências citadas a seguir a sua empresa ou área em que trabalha se enquadra:

- Falhas em documentações;
- Errôneas estatísticas;
- Índices altos de produtos com defeitos;
- Devoluções de mercadorias sob alta demanda;
- Entregas processadas com destinatário incorreto;
- Índice elevado de reclamações;
- Processos jurídicos, quando competem aos direitos do cliente final;
- Outras.

O CÓDIGO DA REALIZAÇÃO

Então você, como líder, tem enorme desgaste com esses resultados e com certeza gostaria que cada dia fosse produtivo. E, por que isso não está sendo possível, mesmo com todo seu empenho no favorecimento ao ambiente de trabalho de sua empresa? Lembro-me de um empresário que me contratou há um tempo para um processo de *coaching* cujas queixas se enquadravam dentro desse contexto.

Case: aumento de produtividade

Tratava-se de uma empresa de médio porte, que estava em processo de finalização de reforma estrutural e física e entrando no mercado de uma grande concorrência com um novo segmento, funcionando 24 horas por dia, diferencial para a época e região.

Em fase de inauguração, havia uma equipe de em torno de 120 funcionários selecionados aleatoriamente e por indicação de colaboradores recentes na empresa. Sabe aqueles processos do tipo "apagar incêndio"? Pois assim que me senti. Confesso que fiquei assustado com o que poderia encontrar pela frente.

Já haviam definido a missão, a visão e os valores da empresa, com um planejamento específico para o *marketing*, com propostas de treinamentos para o bom atendimento ao cliente.

Na concepção da alta direção, um treinamento de atendimento ao cliente seria o suficiente para resolver as questões dos recursos humanos e atingir os objetivos a que se propunha, mas tive um grande alívio quando conheci o proprietário! Ele, sem nenhuma formação específica, mas grande empreendedor, com visão estratégica e capacidade de aprendizagem, perfil idôneo, tinha muita motivação para o crescimento.

Seu relato traduzia com humildade que, por falta de tempo para desenvolver algum trabalho de treinamento, preferia investir e terceirizar o serviço, buscando qualificação nos resultados. Segundo informações, o que julgava necessário para resolver os problemas da organização seria conscientizar o pessoal e treiná-los. Fiquei um pouco preocupado quando comentou que as pessoas que não se adaptassem ao sistema e aos cargos por eles desempenhados seriam excluídas da organização e os cargos seriam ocupados por outras pessoas com perfil mais adequado. Como eu acredito que todas as pessoas, quando colocadas no lugar certo, se desenvolvem e podem corresponder às expectativas de uma empresa, fiquei com este desafio para mim mesmo.

Tinha como meta realizar, daí por diante, o recrutamento e a seleção de pessoal, com recursos técnicos e profissionais especializados, de acordo com suas expectativas.

Pela primeira vez, o proprietário utilizou o serviço de consultoria em Gestão de Pessoas, valorizando a confiança e os resultados que provocassem mudanças na organização, disse que acreditava no sucesso com o futuro trabalho desenvolvido para seus recursos humanos.

O grande desafio estava em sua meta principal: aumentar em 100% as vendas dos produtos e fidelizar clientes. Obviamente, seria a minha também.

Diante dessa realidade, levando em consideração uma empresa com esse perfil e com a reinauguração recente, aceitei a proposta iniciando com o treinamento e a referência da importância de um diagnóstico e avaliação de clima organizacional para um planejamento adequado à realidade da empresa.

Conhecer e desenvolver talentos para a manutenção e o crescimento da empresa era o foco para o sucesso, e as

O CÓDIGO DA REALIZAÇÃO

ações tomaram rumo para tornar-me um *coach* na busca de resultados. O trabalho desenvolvido pelo período de três meses aumentou aproximadamente 100% a lucratividade da empresa; os resultados por meio da metodologia utilizada, desenvolvendo pessoas e competências profissionais.

O que isso pode ter a ver com você e a sua empresa? Talvez não seja esse exatamente o caso de sua empresa. Pode ser que você esteja presente na maior parte do tempo. Eventualmente você não entende, porque todos os seus liderados podem ir à sua sala, e vão sempre que necessário, buscar orientação ou ajuda. E mesmo assim, falta produtividade.

Todos podem lhe enviar *e-mail* ou ligar para seu celular a cada possível problema. Afinal, você se dedica ao máximo para que tenham suporte técnico, apoio de sua parte, para obterem o máximo de satisfação no trabalho e na empresa.

Possivelmente, você deve estar com muitas dúvidas e se perguntando: "o que está acontecendo com a minha empresa"?

Entendo que, provavelmente, esteja passando por algumas dessas situações em sua empresa e talvez gostaria de achar soluções para poder ter resultados melhores.

Também sei o quanto é angustiante para você chegar no final do mês e obter relatórios que poderiam ser muito mais estimulantes, mediante todo o seu esforço e investimentos que tem realizado em sua empresa ou carreira.

Tenho visto em algumas empresas a alta direção investir muito dinheiro em ferramentas, em vez de em seus processos. Minha experiência em organizações qualificadas como "grandes empresas" demonstra que gastam muito dinheiro em sistemas informatizados para aumentar a produtividade e, mesmo assim, os resultados não são os esperados e os problemas continuam.

Dúvidas sobre produtividade

Caso você consiga produzir mais em menos tempo e com menos esforço, significa que terá chances de obter mais lucros para sua empresa. Se seus concorrentes fabricarem o dobro de produtos em um dia e você estiver fabricando o dobro e mais um pouco, seu produto poderá ser comercializado por um preço menor que o dos concorrentes? O que isso significa para você? Você pode vendê-lo pelo mesmo preço do concorrente e obter mais lucros para sua empresa ou pode vender mais barato e vender mais do que seus concorrentes?

Agora, está cada vez mais claro por que a produtividade é crucial para sua empresa como um todo. Por que alguns membros de sua equipe não conseguem se tornar pessoas com maior capacidade e, consequentemente, aumentar a produtividade em sua empresa? Você está conseguindo ser um bom modelo, um exemplo de produtividade?

Problema de produtividade: há muitos fatores influenciadores, estabeleça foco e compromisso com você mesmo

Como você pode ver nesses problemas de produtividade, há muitos fatores que influenciarão os resultados. Você precisa descobri-los, defini-los claramente e medir o seu nível de influência. Após isso, pode começar a trabalhar em melhorias a partir dos fatores prioritários, ou fatores que terão um impacto profundo na melhoria de sua produtividade. Não permita que a quantidade de fatores de influência o atrapalhe.

Planejar o seu dia pode ser o primeiro passo para aumentar a sua produtividade, mas está longe de garantir o sucesso de se tornar um empreendedor mais produtivo.

O planejamento é essencial para definir o seu futuro, mas se não implementar os seus planos, ele não o ajudará. Como já vimos anteriormente, você precisa se organizar e deve estar comprometido com os seus objetivos e a implementação de planos, se quiser aumentar a sua produtividade.

Esse compromisso, em muitos casos, será doloroso porque você precisará sair da situação atual do *status quo* seguro. Isso exigirá mudanças em seus hábitos atuais.

Se um de seus objetivos é aumentar a sua produtividade, veja como pode elevar o comprometimento com suas metas.

Ficar focado hoje é realmente um desafio para todos nós. Sua produtividade, em grande parte, dependerá do seu nível de foco. Ter foco em metas certas pode torná-lo livre dos seus problemas de produtividade.

Podemos compreender a produtividade por meio da importante Teoria das Necessidades Humanas de Maslow. Ela traduz uma compreensão clara sobre o funcionamento motivacional das pessoas.

Teoria das Necessidades Humanas de Maslow

A hierarquia de necessidades de Maslow é uma teoria muito conhecida e compreende um modelo de cinco níveis de necessidades humanas, muitas vezes representadas como níveis hierárquicos dentro de uma pirâmide.

Talvez você já a tenha visto em outro momento de sua vida, mas precisa relembrar para poder entender a relação de produtividade, necessidades humanas e motivação.

Na pirâmide, segundo o autor, só podemos evoluir na escala de realização se as necessidades de base estiverem sendo satisfeitas.
Portanto, lhe pergunto:

1 - Como está a sua saúde? Estas são exigências biológicas para a sobrevivência humana, por exemplo: respiração, alimentação, moradia, vestuário, temperatura-ambiente, qualidade de sexo e de sono.
Se essas necessidades não forem satisfeitas, você não poderá funcionar de maneira ideal. Todas as outras necessidades se tornam secundárias até que as necessidades fisiológicas sejam atendidas. Lembre-se sempre:
Você só poderá crescer com plenitude se essas necessidades forem atendidas!
E sua equipe? Seus colaboradores? Como estão?

O CÓDIGO DA REALIZAÇÃO

2 - Em sua família e em sua empresa há ordem, estabilidade, ameaças ou medos? Como sabemos, o medo paralisa. A falta de estabilidade pode gerar angústias e o primeiro passo é ter ordem e direcionamento. Pense, reflita e tome a atitude necessária para dar os passos evolutivos na pirâmide.

Você só poderá crescer com plenitude se essas necessidades de segurança forem atendidas!

3 - Como está o seu nível de pertencimento social? Você tem amigos? Estabelece relações de confiança? Sua família exerce uma relação de transparência? E no trabalho? A necessidade de relacionamentos interpessoais motiva o comportamento, estimula sua autoestima e fortalece esse patamar da pirâmide. Após fazer a reflexão, siga em frente!

Você só poderá crescer com plenitude se essa necessidade for atendida!

4 - Você tem autoestima? Consegue sentir-se respeitado e valorizado pelas pessoas? É prestigiado? Depende exclusivamente de você sentir-se respeitado e prestigiado em todos os ambientes! Somente o seu desenvolvimento em conhecimento, habilidades e atitudes pode trazer bons resultados nesse sentido.

Você só poderá crescer com plenitude se essa necessidade de estima for atendida!

5 - Você se sente realizado em seu ambiente de trabalho? O quanto consegue medir a sua capacidade produtiva? Você conseguiu entender que sua capacidade produtiva e a de sua equipe estão intimamente ligadas à satisfação das necessidades humanas? A sua atenção tem foco no nível da necessidade mais carente e, para a produtividade com alta *performance*, você precisa preencher a lacuna desprovida de incentivo.

O que motiva você e sua equipe para o caminho da produtividade é a realização plena de seu potencial individual e coletivo, que depende das necessidades atendidas.

Para refletir, começando pela base:
• Existe presença de confiança em sua equipe?
• Sua equipe se envolve em conflito de ideias sem qualquer censura?
• Ela se compromete com as decisões e os planos de ação?
• Há responsabilidade recíproca quando alguma coisa não sai de acordo com o combinado?
• Ela se concentra na realização dos resultados?

Valores

Agora que você relembrou o funcionamento da hierarquia e necessidades de Abraham Maslow, você precisa compreender que uma necessidade pode ser definida de diferentes formas. Isso quer dizer que o que é necessidade para mim pode não ser para você. O que caracteriza essas diferenças são os valores de cada indivíduo em sua peculiaridade.

Valores representam crenças básicas. O que é valioso para você? O que o impulsiona? É com essas perguntas que você cria o alicerce de construção para tudo o que você faz.

Os valores estabelecem sua essência. Tudo cresce e evolui a partir disso. No fundo, são "políticas" fundamentais que definem quem é você. Percebe a importância dos valores em sua vida pessoal e profissional? Se os seus valores

O CÓDIGO DA REALIZAÇÃO

não estão em sintonia com os valores da empresa em que você trabalha, feliz ou infelizmente, é hora de mudar!

Conheci um grande profissional de engenharia, com classificação máxima durante sua formação em umas das mais qualificadas universidades do Brasil. Um perfil muito cogitado para colocação no mercado, que permite escolher oportunidades da constante procura de *headhunters* mundiais, contratados por empresas que buscam o perfil desse profissional. Ele me contou que a melhor proposta recebida perto de sua formatura foi de uma empresa líder nacional do segmento farmacêutico. Uma proposta financeira e de benefícios imperdíveis. A melhor de todas!

Você sabe que a indústria que domina esse mercado utiliza componentes químicos nos produtos, e para esse engenheiro há muitas questões controversas no uso de algumas substâncias. Ele tem valores essencialmente humanos, defende causas ambientais, pratica ioga e meditação, em sintonia com sua essência de vida. E por isso recusou o convite da empresa!

Conhecer seus valores é de extrema importância para sua vida profissional e para os membros de sua equipe. Além disso, os valores são responsáveis por seu estado emocional e sua motivação para a produtividade.

Há empresas se dedicando a conhecer os valores de seus colaboradores. Aqui entra a análise de pessoas e a ferramenta de predição, tão importante para conhecer cada perfil corporativo – veremos mais adiante neste capítulo.

Retomando o que mais importa para você agora, vou dar-lhe a oportunidade para que conheça seus valores e o que mais se destaca para a sintonia com sua vida profissional e sua produtividade. Vamos lá!

WAGNER MOTA

Escreva oito valores que descrevem o trabalho ideal. Lembre-se: valores são os princípios que movem você! Exemplos: reconhecimento, motivação, flexibilidade... Agora faça sua lista:

1)_____   5)_____

2)_____   6)_____

3)_____   7)_____

4)_____   8)_____

Agora você vai seguir os passos abaixo, reescrevendo de acordo com as perguntas:

Entre os valores 1 e 2, qual você escolhe? Se você tiver o 1 e não tiver o 2 ou se tiver o 2 e não tiver o 1, qual é o mais importante para você? Escreva qual escolheu e elimine o que sobrou: _____.

Entre este que escolheu e acabou de escrever e o 3, qual você prefere? Lembre-se da pergunta-padrão: se você tiver esse e não tiver o 3 ou se tiver o 3 e não tiver o que escreveu, qual é o mais importante? Escreva qual você escolheu e elimine o que sobrou: _____.

Entre este que você escolheu e acabou de escrever e o 4, qual você escolhe? Lembre-se da pergunta-padrão: se você tiver esse e não tiver o 4 ou se tiver o 4 e não tiver o que escreveu, qual é o mais importante para você? Escreva qual escolheu e elimine o que sobrou: _____.

O CÓDIGO DA REALIZAÇÃO

E assim por diante, faça até concluir os oito valores. Elimine e fique com os três últimos que sobrarem. Escreva:

_____

_____

_____

Esses são os seus valores, imprescindíveis para a sua vida profissional! Com eles, você respira sossegado, você é feliz, você tem produtividade!

Agora, algumas perguntas para você identificar as ações que precisa realizar:

Seus valores são praticados na empresa em que trabalha?

_____

_____

_____

_____

Como você reage quando seus valores estão presentes?

_____

_____

_____

_____

O que tem de acontecer para que você sinta que seus valores estão presentes?

_____

_____

Você está na empresa certa? O que pode fazer para ajustar você à empresa ou a empresa a você?

Os valores são os princípios dos quais
não abre mão em sua vida
e são muito valiosos para você.

Todas as pessoas querem ser produtivas

Em minha experiência como gestor, e em meu trabalho com diferentes profissionais, concluo que alcançar a produtividade não pode se basear apenas em sistemas e ferramentas. Isso está profundamente enraizado na cultura da organização e na mentalidade da equipe.

Eu ainda não vi pessoas que não queiram ser mais produtivas. A produtividade proporciona alto nível de satisfação e estimula áreas de prazer do cérebro. Quem não quer se sentir feliz e experimentar essas sensações? Por que os desejos delas não podem se tornar realidade?

São perguntas que tenho feito tantas vezes em minhas pesquisas e observações que concluí que a mentalidade

O CÓDIGO DA REALIZAÇÃO

das pessoas, relacionada ao trabalho, em geral, é algo que influencia decisivamente a produtividade individual. Em minha experiência, as pessoas e organizações têm diferentes necessidades relacionadas à produtividade. Como vimos, é importante atender as necessidades individuais e coletivas.

Use as ideias e as ajuste para você e sua empresa. As experiências são os únicos elementos que lhe trarão conhecimento de aprendizagem útil para aumentar a produtividade.

Obstáculos sempre farão parte de sua jornada mais produtiva. Portanto, prepare-se para uma longa batalha. Você precisa ampliar sua visão atual. Provavelmente, já pensou em algumas soluções que dependam exclusivamente de si. Por exemplo, acordar mais cedo, aumentando as horas de trabalho, porém não necessariamente você se tornará mais produtivo com isso.

Essa estratégia aparentemente oferece condições de ter mais tempo para fazer mais tarefas, mas as chances de a qualidade cair são grandes por causa de suas condições físicas e provável cansaço mental. É melhor trabalhar com qualidade e assertividade para evitar retrabalhos. Isso serve também para a sua equipe.

Vamos ao que posso ajudar. Veja as soluções desses problemas com apenas cinco passos para adotar em sua empresa que com certeza o ajudarão a fazer a diferença!

Essa investigação permite que você perceba as causas dos problemas levantados e comece a delinear as soluções, além de desenvolver a percepção e a interatividade dos colaboradores, gerando não só aprendizado, mas também compromisso e compreensão das principais dificuldades da organização.

WAGNER MOTA

Vamos aos passos em que posso ajudá-lo

1. Reuniões de trabalho: modificar a cultura da organização e tornar rotina a iniciativa de se reunirem para tratar de assuntos importantes e verificar as vantagens deste recurso para os resultados de produtividade. Auxiliá-los na aprendizagem em busca de metas curtas, aproveitando o tempo de todos os participantes e investindo nesse propósito. É interessante oferecer o espaço para sugerirem soluções, pois as pessoas, quando participam criando soluções, comprometem-se muito para os resultados.

2. Comunicação: práticas efetivas de comunicação interna ajudam a aumentar a produtividade, construir um ambiente de trabalho melhor e reduzir o conflito diário entre os membros da equipe. Estabeleça um critério de comunicação interna, de forma diária em sua empresa. A comunicação interna não é uma via de mão única; a boa comunicação flui nos dois sentidos. Por mais importante que seja dar *feedback* aos seus funcionários, também é crucial ensinar sua equipe a dar *feedback* sobre as informações que recebe. O segredo para desbloquear esse passo é implementar uma cultura aberta e confiável que incentiva o diálogo. Quando seus funcionários entendem seu papel e expectativas, eles trabalham para o sucesso.

3. Formalidade de informações/registros: saiba que de nada adianta realizar os passos acima, se não registrar todas as decisões e a tomada de iniciativa da equipe. É interessante que toda a organização conheça as decisões para a melhoria da produtividade. Isso possibilita o comprometimento, facilitando a ajuda mútua.

O CÓDIGO DA REALIZAÇÃO

4. Planejamento das tarefas: indique seu objetivo em termos claros e mensuráveis. Entenda exatamente qual será o resultado final da tarefa antes de dar o primeiro passo. Peça esclarecimentos de sua equipe se não tiver todos os detalhes de que precisa. Priorizar permite dar às tarefas mais importantes a devida atenção, energia e tempo. Ter tarefas prioritárias também significa saber a sequência do que será necessário em seguida.

5. Análise de pessoas: consiste em você coletar dados para análise e correta tomada de decisão. É uma estratégia em que você sai da intuição e avalia o comportamento dos colaboradores para realmente aumentar resultados, verificando a gama de possibilidades e fazendo uma gestão de pessoas eficaz.

O desenvolvimento de novas tecnologias e, especialmente, de ferramentas, lhe oferece muitas opções para escolher e verificar qual é a melhor para a produtividade de sua empresa. Crie seus processos primeiro e tente automatizá-los com as ferramentas.

O capital humano pode ser trabalhado potencializando resultados, transformando assim a gestão de pessoas em uma gestão objetiva, focada em dados e com resultados absolutos. Você pode aumentar efetivamente o crescimento de sua empresa com o olhar específico no desempenho dos recursos humanos.

Você poderá medir as necessidades e aspirações das pessoas estimulando o trabalho em equipe e oportunizando crescimento contínuo e alcance de metas.

Há empresas utilizando dados de mensagens de *e-mails* e de redes sociais e comparando-os com base na análise das pessoas para identificar o perfil dos colaboradores.

Você no caminho certo

Você aprendeu como é importante mensurar esse caminho; como predizer, ou seja, antecipar ações sustentáveis e na direção certa.

Aumentar a produtividade não pode ser feito somente aprimorando elementos diferentes em sua vida; isso exigirá uma abordagem mais ampla, começando com sua mentalidade, sua forma de pensar. Dessa forma, sim, você vai mudar a cultura de sua empresa.

Portanto, mude a sua cultura organizacional, distribua responsabilidades e tome decisões com os membros de sua equipe e garanta que a cultura fará com que todos sejam responsáveis por suas decisões e pelo trabalho que estão fazendo. Lembre-se de que seus colaboradores também esperam isso de você! Eles querem poder vibrar com as vitórias que vocês podem alcançar juntos.

Dê a sua mão às pessoas que buscam produtividade e não sabem o caminho! Você já imaginou que seu sonho pode ser o mesmo de todas as pessoas que estão com você no mesmo barco? Tenha certeza de que é exatamente isso o que acontece.

Mãos à obra!

WAGNER MOTA

CAPÍTULO 9

A VIDA COM A PSICOLOGIA POSITIVA

"A psicologia positiva é o estudo científico
do que faz a vida mais valiosa."
Peterson, 2008

A psicologia positiva ocupa-se de tratar principalmente de temas como:

- Força de caráter;
- Otimismo;
- Satisfação com a vida;
- Felicidade;
- Bem-estar;
- Gratidão;
- Compaixão;
- Autoestima;
- Autoconfiança;
- Esperança;
- Evolução.

Temas de psicologia positiva fornecem um enorme repertório de conhecimento sobre como encorajar, a nós

O CÓDIGO DA REALIZAÇÃO

mesmos e àqueles que nos rodeiam, a viver as melhores vidas possíveis.

Seria impossível listar todos os benefícios da psicologia positiva, mas tentarei lhe fornecer uma visão abrangente de alguns dos resultados mais impactantes e influentes.

Vamos tentar entender como a não utilização das forças positivas pode influenciar em desfavor a nós mesmos.

Provavelmente você já passou por momentos angustiantes, que pareciam não ter fim e que causaram enorme desgaste emocional; esse momento angustiante pode até ser uma situação atual. Agora estou aqui para ajudar na busca de soluções e novos caminhos; você precisa sair desse enredo ou evitar que novas emoções como essas façam parte de sua vida.

Não se preocupe, vou ajudar a compreender todo o contexto para que você possa dar um salto em sua vida. Entenda primeiro o lado obscuro e o que acontece com seu cérebro.

O que pensamentos negativos fazem com seu cérebro

Vamos brincar um pouco. Imagine você em um lindo domingo de sol, tão esperado dia para surfar naquela água verde-esmeralda de Santa Catarina, em uma das praias mais lindas do Brasil, onde as ondas são incríveis e transparentes, perfeitas para você curtir muito a experiência.

Era tudo o que esperava para o seu dia ser cheio de felicidade. Você rema para a próxima série para pegar a onda; de repente avista um tubarão a sua frente, com a enorme boca aberta, pronto para engoli-lo. Ao estar diante desse cenário, seu cérebro registra uma emoção de medo e você paralisa. Sim, você paralisa mesmo!

WAGNER MOTA

Você sabe que emoções negativas programam nosso cérebro para uma ação específica? Quando você se dá conta de que ficar ali parado não será uma boa opção, logo dará um jeito de retornar para a orla da praia. Nada mais importa, dá uma espiada e outra para trás para ver se está conseguindo sucesso em se afastar o máximo possível da fera. Seu foco será somente esse e o resto do mundo você esquece. Em outras palavras, as emoções negativas restringem sua mente e concentram seus pensamentos em um único foco. Nesse mesmo momento, você pode ter a opção de olhar a sua volta e verificar se há um barco, mas seu cérebro ignora essa opção, porque parece irrelevante quando um tubarão está atrás de você. Esse é o instinto básico, se você está tentando salvar sua vida, os seus braços e pernas.

Em nossa sociedade moderna, ninguém nos ensinou e sempre foi mostrado que não temos de nos preocupar com o fato de deparar com tubarões no mar. Sempre achamos que essas coisas só acontecem em livros, filmes ou com o vizinho. Mas, voltando à situação do tubarão e outras calamidades da vida, é notório que seu cérebro ainda está programado para responder às emoções negativas da mesma maneira, fechando o mundo exterior e limitando as opções que você tem ao seu redor.

Um bom exemplo é quando você está brigando com alguém, sua raiva e emoção podem consumi-lo até o ponto em que não consegue pensar em mais nada. Ou, quando você está estressado com tudo o que tem que fazer hoje, você pode achar difícil iniciar qualquer coisa, porque está paralisado.

Nesse caso, seu cérebro se fecha ao mundo exterior e se concentra nas emoções negativas do medo, da raiva e do estresse, exatamente como aconteceu com o tubarão. As emoções negativas impedem seu cérebro de ver as outras

O CÓDIGO DA REALIZAÇÃO

opções e escolhas que o cercam. É seu instinto de sobrevivência como prioridade em suas emoções.

Vamos comparar isso com um processo inverso: como as emoções positivas podem funcionar em seu cérebro. Vamos retornar à história.

O que pensamentos/atitudes positivas fazem com seu cérebro

Pesquisadores testaram o impacto das emoções positivas no cérebro, configurando um pequeno experimento, que consistia em dividir as pessoas da pesquisa em cinco grupos e mostrar a cada um diferentes clipes de filme.

Aos dois primeiros grupos foram mostrados clipes que criaram emoções positivas. O grupo 1 viu imagens que criaram sentimentos de alegria. O grupo 2 viu imagens que criaram sentimentos de gratidão.

O grupo 3 foi o grupo de controle. Eles viram imagens que eram neutras e não produziam emoções significativas.

Aos dois últimos grupos foram mostrados clipes que criaram emoções negativas: o grupo 4 viu imagens que criaram sentimentos de medo e o grupo 5 viu imagens que criaram sentimentos de raiva.

Posteriormente, cada participante foi convidado a se imaginar em uma situação em que sentimentos semelhantes surgiram e a escrever o que eles fariam. Cada participante recebeu um pedaço de papel que começava com a frase "Eu gostaria de...".

Os participantes que viram imagens de medo e raiva escreveram o menor número de respostas. Enquanto isso, os participantes que viram imagens de alegria e contentamento escreveram um número significativamente maior de ações que tomariam, mesmo quando comparados ao grupo neutro.

Em outras palavras, quando você está experimentando emoções positivas como alegria, gratidão e amor, verá mais possibilidades em sua vida. Essas descobertas estão entre as primeiras e sugerem que emoções positivas ampliam seu senso de possibilidades e abrem sua mente para mais opções.

Porém isso foi só o início. O impacto realmente interessante do pensamento positivo acontece mais tarde. Acredito que você esteja curioso para saber!

Como o olhar positivo constrói seu conjunto de habilidades

Os benefícios das emoções positivas não param depois de alguns minutos de bons sentimentos. Na verdade, o maior benefício que as emoções positivas proporcionam é uma habilidade aprimorada de desenvolver habilidades e desenvolver recursos para uso posterior na vida.

Vamos considerar um exemplo do mundo real:

Uma criança que brinca em uma piscina de sua casa joga bola e se movimenta freneticamente na água, desenvolve a habilidade de se mover atleticamente (habilidades físicas), a experiência de brincar com os outros e se comunicar com uma equipe (habilidades sociais) e também a habilidade de explorar e examinar o mundo ao seu redor (habilidades criativas). Dessa forma, as emoções positivas do brincar e da alegria levam a criança a desenvolver habilidades que são úteis e valiosas na vida cotidiana.

Essas habilidades duram muito mais do que as emoções que as iniciaram. Anos mais tarde, essa base do movimento

O CÓDIGO DA REALIZAÇÃO

esportivo pode se transformar em uma bolsa de estudos para um atleta universitário, as habilidades de comunicação podem proporcionar uma oferta de trabalho como gerente de negócios. A felicidade que promoveu a exploração e a criação de novas habilidades já há muito tempo terminou, mas poderão ser desenvolvidas para ir muito além. Podemos concluir que as emoções positivas ampliam seu senso de possibilidades e abrem sua mente, o que, por sua vez, permite que você construa novas habilidades e recursos que possam agregar valor em outras áreas de sua vida.

Todo esse cenário levanta a questão mais importante de todas: se o pensamento positivo é tão útil para desenvolver habilidades valiosas e apreciar a grande figura da vida, como você realmente pode conseguir se manter positivo? Eu vou contar esse grande segredo para você!

Como aumentar o olhar positivo em sua vida

O que você pode fazer para aumentar as emoções positivas e aproveitar a teoria "ampliar e construir" em sua vida? Quando foi a última vez que você permitiu uma hora em sua agenda apenas para se divertir? Você não pode me dizer que ser feliz é menos importante do que sua reunião de quarta-feira. Sua felicidade precisa estar em primeiro lugar!

Bem, qualquer coisa que desperte sentimentos de alegria, gratidão e amor, possibilita seu sucesso. Você provavelmente sabe o que funciona bem para você, mas vamos a algumas dicas essenciais:

Dê a si mesmo permissão para sorrir e aproveitar os benefícios da emoção positiva. Programe o tempo para se divertir e se aventurar com algo de que goste, para que você possa experimentar o contentamento e a alegria, além de explorar e construir novas habilidades.

Você pode ter prazer em tocar um instrumento musical, passear em determinados locais agradáveis, viajar a lugares mais distantes, realizar projetos de artesanato, entre outras atividades que geram bons sentimentos. A partir dessa experiência, procure seguir alguns passos que com certeza podem ajudá-lo a trilhar esse novo caminho.

- Escreva – Depois que você fizer essa incrível experiência, relate por escrito todos os aspectos positivos desse local a que você foi ou da atividade que você fez. Detalhe minuciosamente cada emoção positiva, o que isso gerou nas pessoas que o acompanharam, escreva as sensações obtidas por meio da experiência. Procure saber que ideias positivas surgiram, que planos ou sonhos vieram a sua mente. Lembre-se de tudo o que foi positivo.

Um estudo publicado no *Journal of research in personality* examinou um grupo de 90 estudantes de graduação que foi dividido em dois subgrupos.

O primeiro escreveu sobre uma experiência intensamente positiva, todos os dias, durante três dias consecutivos. O segundo escreveu sobre um tópico de controle e momentos de estresse. Três meses depois, os estudantes que escreveram sobre experiências positivas tiveram melhores níveis de humor e desenvolveram menos doenças. Isso surpreendeu. A melhora de saúde foi constatada depois de apenas três dias escrevendo sobre coisas positivas!

Para você se manter com essa sintonia, que tal começar a escrever em um *blog* somente conteúdos altamente motivadores? Imagine os benefícios que pode trazer para si mesmo e para possíveis seguidores. Seu cérebro vai ficar imensamente grato pela nova condição de vida que você proporcionará a todos, inclusive a si mesmo!

Você pode escrever fatos do dia a dia, boas lembranças de sua infância, algo sobre seus filhos ou até de sua equipe de trabalho que traga esta essência: bons momentos! Se faltar conteúdo, a partir de seu compromisso semanal com você mesmo, explore as experiências que a partir de agora proporcionará a cada sete dias.

O que vem primeiro: felicidade ou sucesso?

Não há dúvida de que a felicidade é o resultado da realização. Ganhar um campeonato, conseguir um trabalho melhor, encontrar alguém que você ame, essas situações trarão alegria e felicidade à sua vida; mas com tanta frequência, erroneamente assumimos o que isso significa, que a felicidade sempre segue o sucesso. Se não temos sucesso, não temos felicidade.

Quantas vezes você pensou: "Se eu tiver apenas um carro melhor, então serei feliz" ou "Quando eu conseguir dobrar meu salário, ficarei satisfeito"?

Eu sei que você se sente responsável e, ao mesmo tempo, impotente por adiar a felicidade, que depende de alcançar algum objetivo; mas, como a teoria de "ampliar e construir" de Fredrickson demonstra, a felicidade é essencial para construir as habilidades que permitem o sucesso. Em outras palavras, tenha certeza de que a felicidade é tanto o precursor do sucesso quanto o resultado disso.

Na verdade, os pesquisadores notaram um efeito de composição ou uma "espiral ascendente" que frequentemente ocorre com pessoas felizes. Elas são felizes, então desenvolvem novas habilidades, essas habilidades levam a um novo sucesso, o que resulta em mais felicidade, e o processo se repete.

Para onde ir a partir daqui

O pensamento positivo não é apenas um termo de bem-estar. Sim, é ótimo simplesmente "ser feliz", mas esses momentos de felicidade também são fundamentais para abrir a mente e explorar as habilidades que se tornam tão valiosas em outras áreas de sua vida. Tenha certeza de que você é capaz de encontrar maneiras de criar felicidade e emoções positivas em sua vida. Vibre com suas conquistas, compartilhe a alegria de suas experiências e espalhe sorrisos verdadeiros. O seu cérebro fará o resto. Você merece!

> "As pessoas precisam saber que não de outro lugar, mas do cérebro vêm a alegria, o prazer, a felicidade, o arrependimento, o sofrimento e a lamentação."
> Hipócrates (460 a.C – 360 a.C)

A âncora

Vamos supor que você quer manter seu cérebro em um nível de energia positiva ou sair da instância de algum sofrimento ou tristeza, vou ensinar uma ferramenta infalível!

Você já identificou no capítulo anterior que possui uma tendência maior a estímulos por um canal de percepção específico: auditivo, visual ou cinestésico. Agora, você utilizará esse conhecimento a seu favor! As âncoras reproduzem estados emocionais e às vezes você nem nota.

O CÓDIGO DA REALIZAÇÃO

Escreva o canal com que você se identifica mais: (auditivo, visual, cinestésico).

_____

_____

São exemplos de âncoras visuais: pessoas de que você gosta, roupas, fotos, visualizar lugares, assistir a um filme, entre outros. Como exemplo de âncoras auditivas, temos: escutar uma música de que você gosta, falar com uma pessoa agradável ao telefone, escutar o som de um avião decolando, um *jingle* comercial, entre outros. E, finalmente, o cinestésico tem como exemplos: sentar em uma poltrona confortável, deitar em sua cama, abraçar uma pessoa, um banho quente, entre outros.

Escolha ou crie um novo hábito que poderá levá-lo a uma instância de felicidade!

Excluindo ciclo

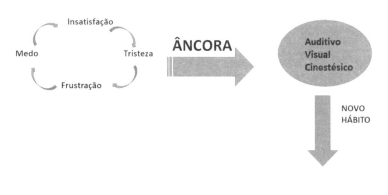

Escreva o seu novo hábito: _____

Escreva seu sentimento e experiência:

———————————————————————————————

———————————————————————————————

Uma mudança que parece relativamente pequena em sua vida pode levar a mudanças surpreendentes em seu bem-estar e em sua qualidade de vida. Acrescentar um pouco mais de otimismo e gratidão é uma ação simples e que pode lhe dar uma nova visão mais positiva em sua vida e empoderar um ciclo repetitivo de felicidade. Permita-se repetir ciclos que o favoreçam em todos os sentidos. Você é mais forte do que imagina e poderá ser mais feliz do que pensa! Torne a capacidade de ser feliz um hábito, você pode!

"A felicidade não é um destino.
É um método de vida."
Burton Hills

CAPÍTULO 10

A NEUROCIÊNCIA GERINDO SUA VIDA

É muito comum no meio corporativo que existam, entre equipes, diferentes visões sobre um determinado assunto. Podem ser importantes direcionamentos de estratégia, em que é necessária a tomada de decisão, mas a equipe se divide, gerando conflitos pelos rumos completamente diferentes que podem ser ocasionados diante do cenário atual e as implicações entre um caminho ou outro.

Pode ser que você tenha passado por isso recentemente ou seja uma situação atual, que está "tirando o seu sono". Os processos se arrastam e todos estão convictos de que a opinião é a "certeira" para os rumos da organização. Você se preocupa muito, porque, dependendo da decisão, sua empresa ou a empresa em que você trabalha pode ter maior sucesso ou ir à deriva, como um barco sem velas empurrado pelo vento, e encalhar logo adiante.

Diante desse cenário, cada membro da equipe dispara uma série de argumentações, umas cabíveis, outras não, conforme sua maneira de perceber o contexto. Isso me faz lembrar, há mais de 30 anos, quando me deparei pela primeira vez com uma situação semelhante.

Greice e eu brincávamos pelo lindo jardim de sua casa. Os suaves pingos de chuva naquela tarde de inverno, levemente gelados, nos convidaram a entrar. Ao chegarmos na sala, me deparei com uma escultura de médio porte de Jesus Cristo, que direcionava seu olhar para mim, com os graúdos olhos azuis. Não lembro de que forma continuou o nosso entretenimento, o que fizemos naquele amplo espaço. Eu tinha apenas uns seis anos de idade.

Mas tenho a lembrança marcante de que, em outro espaço da sala, Jesus Cristo também olhava para mim. E em outro também! Só que Greice me afirmava que Jesus Cristo estava olhando para ela, também. Trocamos várias vezes de lugar e Jesus Cristo olhava para mim! Incrível! Ela afirmava convicta e dizia: "Ele está olhando pra mim!". De qualquer ponto da sala e para qualquer pessoa, Jesus Cristo estava permanentemente olhando.

Compreendendo a essência dessa história, somos sempre convictos de que aquilo que vemos é verdadeiro. Confiamos plenamente nos estímulos que o cérebro é capaz de processar, mas, lamentavelmente, nem sempre é assim e pode ser um ledo engano.

Curiosa experiência

Para que você possa entender como nosso cérebro é capaz de nos burlar, seguem alguns exemplos concretos que comprovam como nosso "melhor amigo" nem sempre é fidedigno no processamento de informações.

Tente contar os pontos brancos:

Com certeza você já se deparou com o quadro anterior em redes sociais, muito divulgado, mas talvez não tenha refletido ou buscado informações do que ocorre com seu cérebro.

As informações sobre a luz que entram em seu olho viajam através do nervo óptico, sendo depois interpretadas pelo cérebro. O cérebro cria atalhos para entender o que está vendo, fazendo suposições sobre algo, em vez de realmente abrir possibilidades novas. Isso faz com que vejamos de forma distorcida. As sombras, a perspectiva e a cor são algumas das pistas que o cérebro usa para tomar decisões sobre o que está olhando.

Agora você entenderá por que isso tudo tem a ver com o seu momento. Mostrei esse exemplo para facilitar o entendimento da sistemática de nosso cérebro e as relações com seu cotidiano, conforme comentado no início deste capítulo.

O CÓDIGO DA REALIZAÇÃO

Neurociência hoje

Hoje, mais do que nunca, a neurociência tem sido muito apreciada e tem crescido consideravelmente nos meios corporativos e educacionais. Ela é capaz de mostrar e fazer compreender conceitos de processos relevantes sobre o funcionamento do cérebro e comportamentos que contribuem para nossa qualidade de vida e o êxito profissional. Eu estava em um evento, realizando um curso de neurociência. Foi surpreendente o que pude aprender sobre o assunto e inclusive recomendo para quem quer se aprofundar e adquirir conhecimento, porque realmente é encantador saber detalhes sobre os mistérios de nosso cérebro.

Minha experiência com o "ovo" nesse evento foi inesquecível! Era intervalo do evento, em torno de 13h, e foi servido um coquetel "neurocientífico", podemos dizer assim. Eu com um apetite do tamanho de um leão, com muita vontade de comer alguma coisa. Claro, assim como o meu e o seu cérebro, nesse horário está estimulado para receber esse tipo de nutriente. Avistei em uma parte da bancada vários pratos redondos, com ovos fritos. O alimento mais parecido que ofereciam no coquetel, de acordo com meus olhos "estomacais". Peguei o pratinho apetitoso, um talher e fui direto à gema. Coloquei em minha boca.

Ah... Você não pode imaginar o impacto que meu cérebro sofreu, porque ele esperava uma gema de ovo e era um pêssego em calda. Meu cérebro foi enganado: o ovo perfeito que eu imaginava era um pêssego (gema) e um mingau (clara).

O que aconteceu comigo? Precisei organizar um novo modelo mental. Meu cérebro fez um caminho de acordo com a minha experiência visual e "sofreu" com isso. Nos exercícios anteriores, você precisou também buscar um novo modelo mental. Isso exigiu um esforço significativo! Comparando os aspectos de sua empresa com os conteúdos e as experiências sobre neurociência, o que você pode compreender e aplicar hoje em sua vida ou em sua equipe? Todas as resistências a mudanças estão correlacionadas ao nosso modelo mental preestabelecido. É preciso ter este entendimento e proporcionar novos modelos mentais.

Novo modelo mental (mindset)

Eu vou entregar-lhe uma ferramenta poderosíssima que vai ajudá-lo a aplicar novos modelos mentais de valor. Conheci em uma de minhas formações. Vamos ao passo a passo. Escolha um objetivo ou meta que queira alcançar. Você vai aprender a usar um novo modelo mental.

Meta

_____

_____

Escreva a data em que quer alcançar essa meta:

_____

_____

Quando alcançar essa meta, o que vai ganhar com isso?

_____

_____

_____

_____

O CÓDIGO DA REALIZAÇÃO

Quando alcançar sua meta, o que vai sentir?

_____

_____

Quando alcançar a sua meta, como celebrará?

_____

_____

_____

_____

Então, reescreva como uma linha do tempo:

Sua meta:

_____

Data:

_____

Momento desejado

_____

_____

Momento atual

_____

_____

Vamos aos próximos passos:

Passo 1 para trás – Imagine-se um passo para trás dessa sua conquista. **O que aconteceu imediatamente antes da sua meta alcançada? Escreva:**

_____

_____

_____

_____

Passo 2 para trás – Imagine-se um passo para trás. **O que aconteceu antes?**

_____

_____

_____

_____

Passo 3 para trás – **O que aconteceu antes?**

_____

_____

_____

_____

Passo 4 para trás – **E antes?**

_____

_____

_____

_____

O CÓDIGO DA REALIZAÇÃO

Faça a sua linha do tempo, transcrevendo da direita para a esquerda as palavras-chaves:

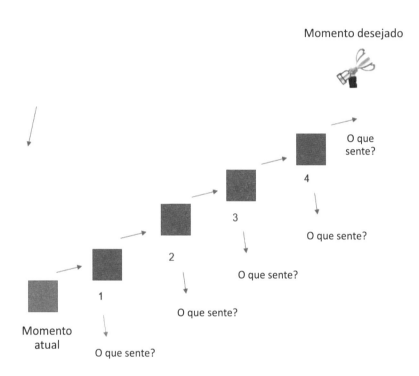

Agora leia em voz alta, permitindo todas as emoções dos passos que você dará. Partindo do momento atual, passo 1, 2, 3,... até o momento desejado, sua meta!
Escreva também como vai celebrar!
_____
_____
_____

Tenha certeza de que você trabalhou seu cérebro para aprender a percorrer um novo modelo mental. E essa forma é infalível, tem tudo para dar certo! Eu já obtive várias experiências de sucesso dessa forma. Siga em frente. Você merece ensinar seu cérebro e gratificá-lo!

Minha mensagem final para você

Parabéns por ter chegado ao final deste livro! Você é um grande vencedor por se permitir buscar mais conhecimento e conteúdo significativo para alcançar os objetivos de sua vida de maneira equilibrada.

Sua mente é poderosa. Você pode alcançar o que deseja por meio de métodos efetivos e da forma como lida com as situações e com você mesmo. Espero ter ajudado a iniciar sua jornada rumo aos seus objetivos. Sua arte está apenas começando; mais do que ler este livro, você precisa agir. E eu sei que essa etapa exigirá coragem. Não se preocupe, vou auxiliá-lo nesse processo.

Gosto de uma passagem do livro *Poder sem limites*, de Anthony Robbins (2017), quando ele conta que, após um seminário, um sem-teto o abordou e lhe pediu 25 centavos de dólares; apesar de ter mais dinheiro, deu exatamente

O CÓDIGO DA REALIZAÇÃO

aquela quantia ao pedinte e depois lhe falou: "A vida pagará qualquer preço que você pedir a ela".

É muito importante identificarmos nosso propósito, depois criarmos metas grandes e, alinhadas a esse objetivo maior, fatiá-las em pequenas etapas. Após cada realização, devemos celebrar o resultado e partir para a próxima etapa; a viagem não precisa ser boa apenas quando chegamos ao destino final. Pelo contrário, precisamos aprender a curtir o percurso e todos os quilômetros ultrapassados. Você foi apresentado aqui a um poderoso método que pode mudar a sua vida para sempre! É muito importante que coloque todas essas palavras em prática. O sucesso de sua vida ou de seu negócio está em sua força de trabalho. Se você se sentir desmotivado e estiver com falta de satisfação na vida ou no trabalho, seu desempenho em todas as áreas será prejudicado.

Por isso, projetar a imagem ideal de como você gostaria que sua vida ou sua empresa fossem é fundamental em todo esse processo de atingir objetivos de forma equilibrada. Recomendo que analise o livro como um todo, mas com foco em cada área de sua vida separadamente. Assim, terá atingido objetivos de melhorar a vida pessoal e pode passar tranquilamente para os objetivos de melhorar a vida profissional.

Coisas diferentes motivam pessoas distintas, porém a maneira mais eficaz de motivar alguém é reconhecer suas realizações e recompensá-lo de acordo. Por isso, reconheço seu esforço de chegar ao final deste livro e fico muito feliz por poder contribuir para a mudança da sua vida. Compreender um método eficaz, baseado em conhecimentos sólidos, lhe possibilitará o sucesso profissional que você espera! Se preencheu realmente todos os exercícios deste livro, eu tenho certeza de que essas mudanças já começaram.

Não fique com todo esse aprendizado somente para você.

Multiplique! Seja um líder pelo exemplo! Nesse sentido, vale lembrar que a liderança, mais do que uma teoria, é um convite para descobrir as ações que lhe permitirão desenvolver novas habilidades e fortalecer seus pontos fortes.

Sempre escutamos isso, "liderar pelo exemplo", e é justamente essa frase que reúne os componentes de uma liderança eficaz, capaz de mobilizar a vontade de todos que compartilham o sonho daqueles que assumem a responsabilidade de alavancar projetos que são assumidos de forma pessoal, coletiva ou social.

O exemplo torna-se uma referência que multiplica naqueles que são os seguidores de uma ideia, mas também tem a ver com a responsabilidade que o líder assume, porque seu comportamento não é apenas julgado, mas também imitado, e é assim que as ações aparecem e se constrói um grande império. Os líderes assumem a direção e apontam o caminho, o que indica que suas ações geram um impacto sobre aqueles que os seguem, confiam que o fim da estrada é claro e, portanto, percebem que é uma estrada pela qual vale a pena viajar. Ajude outras pessoas a seguirem esse caminho!

Lembre-se sempre: tenha sonhos e metas que valham a pena. Não crie limites para sua mente, pois você merece o sucesso! Faça da sua vida uma obra-prima! Seja feliz!

**A felicidade está na construção
de nós mesmos.**

REFERÊNCIAS

ALAMINO, E. et al. *A study about professional skills and working fields of accounting science: the proposal of a method.* Revista Fafibe On-Line, Bebedouro, 8 (1), p. 188-206, 2015.

AMABILE, Teresa; KRAMER, Steven. *The progress principle*, 2011.

ARCHOR, S. *O jeito Harvard de ser feliz.* São Paulo: Saraiva, 2012.

BANDLER, R.; GRINDER, J. *A estrutura da magia.* São Paulo: LTC, 2012.

BARBOSA, C. *A tríade do tempo.* Rio de Janeiro: Sextante, 2017.

BONNESTETTER, B.; RIBAS, A. *Manual disc.* São Paulo: Success for you, 2016.

CSIKSZENTMIHÁLYI, M. *Flow: the psychology of optimal experience.* London: Harper and Row, 1990.

DUHIGG, G. *O poder do hábito.* São Paulo: Objetiva, 2012.

EKER, T. Harv. *Os segredos da mente milionária.* Rio de Janeiro: Sextante, 2006.

MARQUES, J. R. *Você sabe o que é conhecimento?* Instituto Brasileiro de Coaching, 2017. Disponível em: <https://www.ibccoaching.com.br/portal/comportamento/voce-sabe-o-que-e-conhecimento/>. Acesso em: 11 de set. de 2018.

MARSTON, W. M. *As emoções das pessoas normais.* São Paulo: Success for you, 2014.

ROBBINS, A. *Poder sem limites.* 25. ed. Cidade: BestSeller, 2017.

SHINYASHIKI, R. *Os segredos das apresentações poderosas.* São Paulo: Gente, 2012.

TRACY, B. *Speak to win.* New York: Amacom, 2008.

BÔNUS

Leitor, preparei para você um *voucher* especial para acesso vitalício ao curso *online* e com direito a todas atualizações!!
http://bit.ly/wmota77
Contato: www.wagnermotaoficial.com.br